THE DAO
OF
PARENTING

教子真有道

于含冰 著

动力 之源

中国著名教育家**傅东缨** **雷振海** **李锦韬**
特别作序推荐

中华工商联合出版社

图书在版编目（CIP）数据

教子真有道 / 于含冰著. —北京：中华工商联合出版社，2023.9
ISBN 978-7-5158-3770-3
Ⅰ.①教… Ⅱ.①于… Ⅲ.①家庭教育 Ⅳ.①G78

中国国家版本馆CIP数据核字（2023）第 182622 号

教子真有道

作　　者：	于含冰
出 品 人：	刘　刚
责任编辑：	胡小英
装帧设计：	国风设计
排版设计：	水京方设计
责任审读：	付德华
责任印制：	陈德松
出版发行：	中华工商联合出版社有限责任公司
印　　刷：	文畅阁印刷有限公司
版　　次：	2024 年 1 月第 1 版
印　　次：	2024 年 1 月第 1 次印刷
开　　本：	710mm×1000mm　1/16
字　　数：	180 千字
印　　张：	14.75
书　　号：	ISBN 978-7-5158-3770-3
定　　价：	58.00 元

服务热线：010—58301130—0（前台）
销售热线：010—58302977（网店部）
　　　　　010—58302166（门店部）
　　　　　010—58302837（馆配部、新媒体部）
　　　　　010—58302813（团购部）
地址邮编：北京市西城区西环广场 A 座
　　　　　19—20 层，100044
http://www.chgslcbs.cn
投稿热线：010—58302907（总编室）
投稿邮箱：1621239583@qq.com

工商联版图书
版权所有　侵权必究

凡本社图书出现印装质量问题，请与印务部联系。
联系电话：010—58302915

目录
Contents

序一 / 1

序二 / 7

序三 / 11

第一章　父母的爱为什么那么痛

溺爱 / 003

唯分数论 / 008

催吼骂打 / 009

和别人家的孩子比 / 011

当众批评 / 012

挑剔指责 / 015

要挟强迫 / 016

教育主体标准不一 / 017

父母情绪化 / 018

父母负榜样 / 020

第二章　父母类型、语言模式及危害

七种父母类型、语言模式及危害 / 025

专业型父母 / 033

父母履职能力测试 / 035

第三章　顺应孩子的成长规律

孩子是个小宇宙 / 040

一定会生长 / 042

敏感期及其教育 / 043

心理营养 / 052

第四章　"道法自然"做优秀父母

树理论 / 058

教练型家长 / 063

教练型家长的5种角色 / 064

教练型家长的12项教育原则 / 066

教练型家长的8项教育技术 / 070

父母教育能力测评 / 072

第五章　请给孩子全素质教育

对家庭教育功能的认识和定位 / 076

生命的润化 / 079

十大教育 / 081

第六章　孩子成长的动力机制

生长的动力是什么？　/　091

生根的"最高级养料"是什么？　/　093

怎么给孩子生根　/　095

第七章　孩子成长的天然机制

什么是好奇心？　/　103

好奇心的伟大价值　/　104

保护孩子的好奇心　/　106

为孩子插上腾飞的翅膀　/　107

创造力测试　/　110

第八章　孩子自动奋发的心理机制

爱孩子的标准　/　116

马斯洛的需求层次论　/　119

五感教育法　/　120

第九章　孩子超越自我的思想机制

什么是哲学理性　/　132

哲学理性有什么用　/　133

理性、情感、意志的关系　/　135

如何快速地开发孩子的哲学理性　/　136

第十章　孩子持之以恒的信念机制

什么是意志？　/　140

意志的作用　/　141

如何培养孩子的意志力？　/　145

抗挫能力测试　/　148

第十一章　阅读和游历为孩子提供充足的养分

阅读和游历的好处　/　153

阅读该怎么读？　/　155

东西会通的三大类游历　/　157

第十二章　高情商让孩子的人际关系更融洽

情商和智商的关系　/　161

低情商人的18种表现　/　161

培养高情商孩子的17种方法　/　163

融入团队的三个制胜法宝　/　164

情商自我测试　/　165

第十三章　学涯规划助力孩子迈向卓越

哈佛大学"目标威力"实验　/　172

目标的重要性　/　173

目标设定的原则　/　174

生命潜能测试及学业规划的基本框架　/　175

亲子关系自我评价 / 177

第十四章　高效沟通提升家庭教育的效果

有效沟通的三个原则 / 182

沟通的基本原理——乔哈里视窗理论 / 184

沟通的基本原理——同理心理论 / 185

高效沟通的万能公式——行为学原理 / 189

沟通的常用公式 / 190

第十五章　让孩子爱上学习的系统机制

培养孩子学习意愿 / 194

培养学习兴趣 / 197

培养学习能力 / 198

培养学习自信心 / 200

第十六章　孩子偏差行为的因果逻辑及其改善

拖拉的成因、危害及改善 / 204

沟通障碍的成因、危害及改善 / 206

厌学的成因、危害及改善 / 209

网瘾的成因、危害及改善 / 211

亲子沟通质量测试 / 213

序一

教子真有道

一

茫茫人海，际遇最堪回味，心路独一无二，行旅南辕北辙，呈现了人世间的千差万别，大千寰宇的千红万紫。悠悠万事，育人独领风骚，教坛五彩缤纷，教法林林总总，汇成一代又一代教书育人的乐章，也结晶了几多含金蕴玉的教育经典。

日前，在微信交流中，我结识了本书作者、国际精英教育创始人、教育部校长培训项目国家培训专家于含冰先生。盛夏时节，含冰发来即将付梓的新作《教子真有道》，盛邀我做序，我有了先睹为快的机会，也饶有兴趣地了解了他坎坷而丰富的生涯。

他是一位奇人。

他曾是内蒙古扎兰屯家境十分困苦的农村孩子，只因坚守着"书中自有黄金屋"的憧憬，和"咬定青山不放松"的信念，白日下河拉河中石、上山砍柴采药赚钱供自己读书，在零下40度寒冬里，睡在仓房奶奶的寿棺里坚持夜读（因10口之家，住房拥挤），一步步实现了随遇升华的系列之梦。

他的第一个梦想——走出农村进城上大学。1979年9年级毕业后，他一连四次参加高考，放弃了已考取的中专、大专学校，终圆"天之骄子"梦想，考入东北大学机制专业。

他的第二个梦想——从穷人变富人，解决一大家子"脱贫"奔"小康"之需。1986年9月大学毕业被分配到大学任教，讲授"机械设计"课程，他备课、讲课精益求精，学生、校领导对他赞不绝口。他还组建"青年科教联合会"任会长，带领青年教师搞科研、写论文、开博雅讲座。后因无法改变清贫，三年后他参加辽宁省政府第一次公务员公招考试，在4000名考生中独占鳌头，进入省政府工作。其间，1990年中国出现股市，他筹措5000元本金，买了原始股……理念决定胜负。到1996年，他晋升高工、提处级，也实现从穷人变富人的理想。社会推崇"万元户"时，他已拥有近百万财富。

他的第三个梦想——让孩子成为学贯中西的精英人才，实现从知向行的穿越。他辞去公职，转为培养自己孩子，奔走于中国与加拿大等国家之间，指导孩子穿插着游走于中外学校之内，终使孩子获得杰出社会贡献奖，读了4所世界名校，精通5种语言，游历过世界100座名城，2013年大学毕业，先后去联合国、欧盟实习，因社会贡献突出、情商高、具有国际化视野及领导力潜质，被加拿大外交部破格录取。

他的第四个梦想——为千家万户培育优秀后代，为中华民族伟大复兴造就栋梁之材。他育子成功的案例在华人社团很快流传开来（其间，他成了温哥华东北商会会长），人们纷纷来求教。他与妻子先是在华人圈一家家指导，接着注册了国际精英教育集团，开始研究系统教育理论，在一个个城市推广开来，再回国在沈阳、东北、内蒙古等地拓展。目前，至少有30万父母通过不同途径听过他的课，面对面服务超过2万家，一对一"因材施教"1000多家，送进世界名校的学生超过1000名……

每个人的经历，都是对自己人生的实验。奇异的经历，成就了奇人于含冰。

二

家风立家，家教育子。谁的家教占据了制高点，谁就抢先占据了生命开发的高地。对于第一任且终身不下岗的子女的教师——父母来说，孩子是希望，是明天，是家庭发展最大的亮点和增长点。你纵有100种光环，挥不去育子不力的暗影；你纵有100样幸福，抹不平育子无术的痛苦；你纵有100件事的成功，弥补不了育子无能的失败。

于含冰育子有奇法。

他主要的方法是：从孩子童年起就早早抓住了"五心"教育——铸魂（中华心）、定位（英才心）、扬长（好奇心）、赋能（智慧心）、培根（公德心），为孩子打造了一部"爱学习、拿高分、上名校、早成功"的发动机。

当别人带孩童学才艺、学英语，做超前教育，于含冰给1991年12月出生的儿子于奇正教的却是毛泽东诗词、唐诗宋词、清朝历史，带孩子四处游历见世面。奇正5岁半就能背诵300首唐诗宋词，游历过5个国家和地区了；对毛泽东、共产党有很多了解；对清朝历史非常熟悉（姥爷家是满族）；能讲述很多见闻。

当别人领孩子像陀螺一样，奔走于定好的特长班时，于含冰却带孩子对音体美舞、文史科哲、琴棋书画、语数外进行多元尝试和体验，喜欢就学，不喜欢就弃，保护、激发其好奇心，并凭其"见多识广"和与生俱来的"善说"禀赋，感知"领导力"是孩子的一大亮点，决定让他早上学，和大一岁孩子一起玩儿，训练孩子的觉察、表达与沟通能力。

孩子在国内读完3年小学后，2000年10月，他和爱人带子赴加拿大入学，开始了西方与东方几番轮流学习的融通教育。

当别人聚焦于孩子的分数、排名时，于含冰却看重孩子的能力和修身养性、为人处世这个根本。几年里孩子成绩倒数第一也不怕，他从未因此批评过儿子，都没红过脸，因他相信，根深叶茂，源远流长。孩子读高中时智门大开，成绩进入"疯涨"期。

当别人焦虑孩子的高考以至未来的就业时，于含冰却为儿子高中阶段设计了社会公益项目。即建立一个社团，帮助来自世界各地不同种族的孩子尽快适应在加拿大的生活和学习，21个学生跟随奇正做这个社团，毕业时奇正获得杰出社会贡献奖，他的学习成绩也冲至一流，哈佛、剑桥、多大等多所世界名校向他伸出橄榄枝。奇正选择了英属哥伦比亚大学。

方法是智慧的精华。方法不对，几等白费。方法正确，行动飞跃。

三

当下，家教矛盾丛生，热点迭出，诸种理论逐浪，一并涌进教育"市场"，一时间，父母们云山雾罩，不知所向。

正逢此时，《教子真有道》问世了。

该书站位高，立意深，为家庭教育定义精准：家庭教育是一个人成长的"奠基工程"，其主旨内容是"品德教育"，使家庭成为"扣好人生的第一粒扣子，迈好人生的第一个台阶"的地方。在于含冰眼里，学校是"加工厂"，家庭是"自留地"，父母应该且必须把家教主体责任履行好，培养孩子夯实"四有"——有道德、责任、理想、信念的基础，径直奔上"爱学习、拿高分、上名校、早成功"的因果大道。

恩格斯说："一个民族想要站在科学的最高峰，就一刻也不能没有理论思维。"该书在理论建树上落地生根，给广大家长提供了既科学又适于践行操作的几个理论体系。

一是作者汇古今中外教育大成，形成独家的"树理论"系统。

工欲善其身，必先利其器。作者以《道德经》道法自然的哲学观为根基，向自然界的大树学习，提出、建立了"树理论"的理论体系和课程体系，即家庭教育要先给孩子"生根"——道德、责任、理想、信念。根深，果一定丰硕；守护自尊心；配合体制教育；培养高情商；培养奉献精神；培养孩子意志力品质……这一理论的确立及阐述做到了抓根本，精炼而形象化。

二是提出了"润化"生命的"全素质教育理论"。

随风潜入夜，润物细无声。润化生命的"全素质教育理论"，是从相信种子、相信岁月的理念出发，不需要求、不需命令，把孩子引领到厚德载物的土地一样的"营养基"上，去尝试、感觉、选择（自我教育），发现兴趣方向做加长教育，假以时日，静待花开，孩子终究会成为最好的自己。伟大教育家蒙台梭利说："儿童是成人之父"，当父母把儿童放到全素质"营养基"中，他会引领父母做教育。

三是独创的父母教育系统和学生学习动力教育系统，其理论根基和核心教育内容都是优秀中华传统文化和红色文化血脉。

追梦豪情迈，初心意气浓。弘扬传统文化，传承红色基因是时代的主旋律，是改造社会、实现中国梦的重要国策。该书依据树理论和儿童发展理论，建立了父母课程系统，让父母成为家庭教育专家；依据"生根理论"，建立了"3-5-7学动力教育系统"。

作者着意指出，学动力系统强调父母和孩子同学共修，家庭成为一个"学习中心"。课堂上有专职老师讲课，课后回到家里要全家团学研讨，父母实施引导、拔高并落到各自践行上。这是作者建构并恪守的"教、学、做"的教育理念，贯穿于全部教育过程。

作者写书与师者授课一样：传道授业解惑。直面家长，本书开头两章直击问题，"当头棒喝"，敲响警钟；接着阐述生命规律、教育规律；再后面说"法"言"术"，构成一条问题、解题、答案的完整链条。此书以问题为主轴、以应用为导向，是一部常读常新的案头书。

当下，科教立国、人才强国的战略犹如嘹亮号角响彻神州大地，以信息化、人工智能化为标志的教育现代化催得教坛发生日新月异的嬗变，家长们应该突破习惯性从众的罗网，要学习独立思考，超拔精进，对孩子做出最适当规划，不妨借鉴本书的观点和方法，走出一条适合自己孩子的家教之路，为家庭为国家托起明天的太阳。

当代著名教育家、著名教育文学家　傅东缨

于铁岭市日知书斋

序二

中国家庭教育的一道亮光——生根教育

当我读到于含冰家庭教育书稿《教子真有道》中的生根教育时,禁不住好奇心的驱使把他阐述的生根教育理论看个究竟。

什么是生根教育理论?

书中是这样表述的——

人的成长动力来自哪里?万物生长先生根,根是动力来源。

生根的过程有三个特点:

1. 生根是在土地里面发生的;人眼是看不到的,但它确实存在。

2. 根生长具有方向性,一定先向下扎。

3. 当最先生长的主根向下扎到一定程度的时候,主根上开始生出副根,向宽处扎、向斜深处扎。

根是生命成长的动力源。根立住了,就"本立而道生"了。我们的孩子就是一粒种子,必须做生根教育。生根,就是培养孩子"道德、责任、理想、信念"，这是孩子的学动力。

接着，他在书稿中进一步陈述生根的最"高级养料"是什么呢？

给孩子生根最"高级养料"是主流文化——红色文化、传统经典文化。中国主流文化的本质是爱国主义教育，是民族自豪感的培养，同时，也解决孩子们困惑的"为什么学习"的问题，是培养孩子学习动力最好的教育策略。据此，建立了父母和孩子同学共修的"3-5-7学动力教育系统"。弘扬优秀传统文化，传承红色革命基因。

用主流文化教育，使孩子学习兴趣上升为使命，这是孩子成长的最大动力。

在实施素质教育中，重中之重是"生根教育"，使孩子人生有方向、学习有动力；在发展素质教育中尽早发现孩子的兴趣和生命潜能方向，在孩子的兴趣和生命潜能方向上给予更多的高级养料，做"扬长"教育；父母通过和孩子同学共修主流文化，为孩子"生根"——培养家国情怀、树立远大理想、锤炼顽强意志、建立高级逻辑思维，实现家庭教育"培根铸魂，启智增慧"的教育目的。

于含冰"生根教育理论"的构建源于他教育自己儿子的经验总结。于含冰对自己教子经验提炼了四点：

1. 从小一直紧抓孩子的好奇心做教育。通过多元尝试、多元体验，开发孩子智力，不要求，不命令，顺其自然；

2. 一直为儿子做生根教育。用红色文化、传统文化这样的高级养料滋养，培育儿子的民族自豪感；

3. 通过大量游历见世面。从小到大，带孩子游历过100多座世界名城和大学，开发和培养孩子的语言天赋，引发深度阅读；

4. 通过长期从事社会公益实践活动，让孩子了解社会，读好毛主席说的"无字书"，并学以致用。

于含冰在培养自己孩子和担任上千家家庭教育顾问的教育实践基础上，融汇古今中外教育精华，构建的家庭教育"生根教育理论"对我们有着重要的启示。

于含冰的生根教育理论和实践，充分证明了家庭教育的根本在于立德。父母要把立德树人作为家庭教育的核心内容。一个人的人品不是考试能够考出来的，而孩子的人品恰恰是家庭教育要着力培育的。一个孩子价值取向正确，学习力解放，往往在考试中绝不会败下阵来，这就是生根教育与考试成绩的辩证关系。在家庭教育中我们要教育孩子明大德、守公德、严私德，发挥潜移默化的道德启蒙作用。

中国教育报刊社 原副社长、《中国教师报》原总编辑
中国教育发展战略学会教师发展专业委员会 理事长　雷振海
于北京

序三

根魂教育　父母无忧

万物勃发，盛夏流光；百花竞放，四溢芬芳；千鸟归至，不同凡响。恰这大好时期，欣闻含冰著述，心悦之情难掩，遂命笔写千言，聊表恭贺之意。

有成果，才是硬道理。

当代著名教育家朱永新说："一朵具体的花，远胜过一千种真理"。

作者夫妇受聘上千个家庭担任家庭教育顾问，一对一因材施教，一手指导家长，一手抓孩子学动力教育，两手抓两手硬，在他们的培养下，1000多个华人后代因德才兼备跨进世界名校和国际高端职场，并纷纷在学有所成、业有所就的时候回国报效国家。

硕果累累，光芒耀眼，一个两个成果可能出于偶然，15年连续出成果、大量出成果，说明其教育理论和课程、教育原则和方法一定是科学的、系统的、落地的、确有卓越实效性的。

大道至简，化生万方。

家庭教育到底要教孩子什么？父母到底要具备什么样的素质和能力？

作者以《道德经》道法自然哲学观为根基，提出"树理论"。树怎么成材的，人就应该怎么培育。"树理论"揭示了"万物生长先生根"的天道，从孕教开始的"做人教育"就是给孩子生根，即培养孩子"道德、责任、理想、信念"，"根"就是孩子的学习动力来源，从小培养孩子"道德、责任、理想、信念"，孩子未来一定会立大志、爱学习、会学习、扬特长、强素质、圆梦想。以树生长特点为法（一定向上长），父母要保护好孩子的好奇心和自尊心；以枝为法，父母要培养孩子高情商；以叶为法，父母要培养孩子奉献精神；以树生长的自然环境为法，父母要培养孩子顽强的意志力品质……

作者明确提出父母的素质和能力模型：1. 懂生命规律；2. 懂教育规律；3. 有主流文化积淀，这是给孩子生根的最高级养料；4. 和孩子做"学伴"，一起同学共修学动力课；5. 和孩子在家庭中学以致用，放到践行上；6. 营造教育场，支持孩子进入"生根"的社会教育，多元尝试、多元体验；7. 精通高效沟通技术，会倾听，说对话，沟通力就是教育力；8. 给孩子做好榜样，身教永远胜于言教。

树种子要生根，一定先把种子放进土地里"润化"。给孩子生命生根就要给孩子生命放进一个类似厚德载物的土地一样的"营养基"上，营养好，营养丰富，让孩子多元尝试、任孩子自觉选择（自我教育），不需要求、不需命令、不需要懂和会，靠熏陶、凭感觉，发现孩子兴趣方向做加长教育并建立使命，假以时日，静待花开，孩子终究会成为最好的自己。作者把"润化"生命的类似土地的培养基定义成"全素质教育"概念，建立了全素质教育理论，提出了全素质十大教育，给自然生命提供全面的、丰富的好营养，并发现和帮助孩子成为最好的自己。伟大教育家蒙台梭利说："儿童是成人之父"，当父母把儿童放到全素质营养基中，孩子就会引领父母做教育，除非父母不懂孩子的"指令"。

作者建立的学生学动力教育系统，给孩子做"生根教育"，倡导父母必须和孩子同学共修理念，十分难能可贵！

不忘初心使命，争做家教领域引领者。

家庭是人生的第一所学校，父母是孩子的第一任老师，家庭教育育人这是伴随终身的大事。

作者2008年创立国际精英教育之初，就确立了"为民教子，为国育人"的教育使命，为家庭教育生态重塑持续提供系统解决方案，为学校育人教育持续"补位"，家校社协同，五育并举，培养时代人才。

作者在高校从教辞职，在省府从政辞职，为的是走出体制实现自己的教育理想——凭一己之力推动家庭教育，他带着使命做教育。大处着眼，小处着手，历经15载，终获数万父母信赖。以德才兼备为标准，从普惠的"有教无类"——父母教育、学生学动力教育，到"因材施教"的个性化教育以及留学升学的高端教育，已经帮助上千个中华学子进入了世界名校和国际高端职场……而今，虽成就斐然，但仍不释担当，继续奋进。

溽暑将退，金秋必临。

中国教育学会初中教育专业委员会荣誉理事长　李锦韬
于海南

第一章
Chapter 1

父母的爱为什么那么痛

孩子的问题是一面镜子，是父母用来看清自身问题以求改变的。

父母一直都高举着爱孩子的旗帜，但为什么父母给孩子的爱却成了伤害？

父母们一心期待孩子好好学习，不断超越，拿高分、上名校，为父母争面子，为自己创未来。为此，父母们不惜花费大量的精力、大把的金钱，甚至有很多妈妈为了孩子放弃了自己，做起了全职妈妈。但却发现，父母们的爱，并没有换来想要的结果。一个小时候好端端的孩子，却变成了一个与他们期待正相反的样子！拖拉、不自立、没有责任心、没有目标动力、厌学叛逆、沟通障碍、网瘾早恋、犯罪自杀……这些孩子的问题或问题孩子到底是怎么造成的？父母们深深地陷入了怎么拔也拔不出来的焦虑泥潭、无边苦海……我在此郑重地提示大家：所有问题的向好转变都来自父母自身的觉醒。

《道德经》云："上士闻道，勤而行之；中士闻道，若存若亡；下士闻道，大笑之。"在本书的第一章里，我们首先一起来检视我们那些错教育。让我们怀着对教育的敬畏之心和对孩子的真爱之意，从学习的大门进入，开启我们培育优秀后代痛并美好的旅程吧！

溺爱

什么是溺爱？简单地说就是过分呵护。它是描述监护人或照顾者与孩子之间关系的一种特征，监护人或照顾者给了孩子不合理的物质和情感满足与保护，而它的后果是妨碍了孩子试图独立思考、做出自主行为的任何努力。溺爱表现在以下几方面：

1. 物质上超满足

孩子馋嘴贪吃，每到饭店就让孩子先点自己喜欢的；孩子要名牌，买一双运动鞋竟然要花八百一千；要电子产品，手机、iPad、电脑至少有一两种……孩子要什么给什么，要月亮不摘星星，要一个给两个。中国中小学生90%的孩子接触电子产品；据2021年光明网调查，中国中小学生六成拥有自己的电子产品，这是物质上超满足的一大"罪证"。

物质上超满足就毁掉了孩子的道德。物质上超满足长大的孩子自私虚荣、唯我独尊、意志力薄弱、遇难就退、遇挫就弃，在家"窝里横"，在外是狗熊。在物质满足上，我们主张按"基本温饱"原则对待，少满足、延迟满足或不满足，绝不可以超满足。《诫子书》言："静以修心，俭以养德。"

2. 生活上大包办

穿衣服、吃饭、洗衣服、洗澡、收拾餐桌、打扫卫生、收拾书包、整理书桌、家庭购物、买菜做饭、迎来送往等一切家务，都是父母大包大揽地做了，孩子真的是饭来张口、衣来伸手。一位9岁男孩儿的妈妈来找我咨询，说他的孩子在学校里被歧视了，怎么办？我问她原因，她说"儿子同学说他残疾"。因为踢足球时，球来到他脚下，他不管身边是谁，是哪伙儿的，只管一脚就把球踢出去，结果球传到了对方脚下，我问这位妈妈，孩子9岁前我们家庭怎么做教育的？交谈中她告诉我一个信息：孩子现在9岁了，吃饭还要父母追着喂，自理能力非常差，很怕担责任，没有团队精神，没有竞争意识。这样的孩子能受同学欢迎吗？

某大城市一个重点初中体育老师跟我讲，冬天上体育课，先要在操场上跑两圈儿热身，一个女孩儿鞋带开了，自己也发现了，但仍继续那么跑着，老师提醒她有危险，告诉她系上鞋带再跑，她竟回答"我不会系"，因为每天出门鞋带都是父母帮系好的。该校的另一个男生，穿着羽绒服出来跑步，拉链开着，衣服大敞，跑起步来拖泥带水的，老师提醒他拉上拉链，他说"我不会拉"。凡此种种，不一而足，现如今青少年身上这种事屡见不鲜，比比皆是。

生活上大包办就毁掉了孩子的责任。这样家庭培养的孩子不知什么是责任感、学习做事专注力差、独立性与自理能力低下、好马虎、易拖拉、学不主动、习无动力、成绩每况愈下。而全面地、经常地做家务，是开发大脑智力最简单、最经济、最长效的方法，结果都被父母的错教育给毁掉了。我们都知道，学习、做事的生物基础是大脑，把开发大脑的机会砍掉了，还要孩子有好成绩，这是不是"错乱了"？正应了那句话——你砍掉了我的翅膀，却还让我飞翔。

哈佛大学关于做家务有个研究，称作格兰特研究。在长达40年的研究中，研究团队长期跟踪调查了465个孩子，得出三个重要结论。一是从小做家务的孩子，读完书到了工作岗位上，薪水比不做家务的孩子高5倍；二是从小做家务的孩子比从小不做家务的孩子就业率高15倍，而犯罪率仅为其1/10；三是从小做家务的孩子懂得同理心，会共情，他们的人际关系比不做家务的孩子更加良好。

3. 思想上多代替

孩子写作业遇到了难题，有些父母不引导孩子积极主动地思考，不引导孩子请教老师，也不引导孩子去向学习好的孩子问询，而是自己直接上手了，他们给孩子一通讲解，把整个题目重做了一遍，孩子吃了个现成的"快餐"；孩子考试丢了20分，父母不教孩子怎么检查试卷、分析错题，而是拿来孩子的试卷，直接给孩子做分析，给孩子讲明白错题的原因，把孩子的知识漏点也给补上了，还在练习册上找来了练习题，让孩子再演练一遍。好累呀！那对孩子的爱"爆棚啦"！孩子遇到了人际关系障碍，和同学发生了矛盾，对某位老师有不喜欢的情绪，父母不去引导孩子独立思考、寻找原因、想办法改善，怕浪费孩子的学习时间，所以父母直截了当地告诉了孩子"答案"——做法。

父母不懂得帮助孩子解决学习问题的因果。孩子学科上有问题，只要父母上手帮忙，就破坏了孩子的思考力、专注力以及对老师的敬重、对学习"尖子"的崇拜！父母也不懂得帮助孩子清除人际关系障碍的逻辑。孩子一遇到人际关系问题，父母上来就给"答案"，这会让孩子产生依赖，滋生懒惰，凡事父母都能帮我搞定，使孩子变得不爱思考了，分析问题、解决问题的能力一定会越来越弱。

《论语·述而》说："不愤不启，不悱不发。"就是强调要先让孩子自己深入思考，再去点拨。总之，思想上多代替就会毁掉孩子的智能。这样培养的孩子，思考力越来越差、专注力越来越差、主动性越来越差、学科能力和学科成绩越来越差。

4. 放纵

孩子想干什么就干什么，无规无矩，甚至无法无天。2019年10月，四川某重点初中学生颜某，手持板砖，趁班主任黄老师不备，在其身后连续重重地砸了老师9下，当即把老师砸昏在地，老师被送进医院抢救，2020年2月，因抢救无效，这位老师离世了。学生颜某为什么要下狠手呢？只是因为他"在校违规骑车载人"，被班主任"批评教育了几句"，并罚了一节课。经调查，学生颜某是一个不爱学习、无规无矩、调皮捣蛋的学生。老师被砸死了，颜某的人生也被毁了。悲剧的根源能怨学校吗？能怪社会吗？这是家庭教育从小对孩子无边界放纵的结果。这样的孩子即使读了重点学校，将来也上了重点大学，会成为人才吗？你是老板，你会给他机会吗？无独有偶，2023年1月，上海浦东一个14岁的少年徐某，骑着改装的摩托车，声音震天响，引起了交警的注意，于是交警拦截检查，发现驾驶人是未成年，违规驾驶，且无两证，同时还发现此摩托车是套牌车，决定扣留徐某，等待警察来处理，而这个仅14岁的孩子，竟想逃跑，而且对交警大打出手，用头盔猛砸交警，在交警予以制服的过程中，将交警咬伤，可谓气焰嚣张！14岁的孩子，就敢袭警！孩子为什么会如此无法无天？究其原因，你都可以发现，孩子从小被家庭教育放纵了。

放纵就是残害。被放纵长大的孩子，不爱学习、蛮横无理、人际关系差，非常容易走上犯罪的道路。

5. 过分关注

2022年暑假我们90人去韶山游学，有一位妈妈带着8岁的男孩儿一起参加了。在吃饭的时候,她的眼睛总是注视着在其他桌上吃饭的孩子;在行进的时候,她总会对身在另一个组的儿子嘘寒问暖、问长问短:"渴不渴?""热不热?""你擦擦汗";在研学景点,她不注意听导学师在讲什么,而是一直围在孩子身边转……妈妈的注意力离不开孩子,这会严重影响到孩子的独立性培养。不仅如此,研学队伍分成了几个组,每个组都要有一个"排头兵"举队旗,这是一件让孩子觉得骄傲的事情,因此孩子们每天轮流去做,但这个孩子拿到举旗权后,第二天就不愿意轮流给别人了,我们要求按规矩办,他就止不住地放声大哭起来,孩子的自私本性暴露出来了。一个自私的人,是不可能有人际关系的,别人是不会给他机会的。

以上我讲了五个方面的溺爱,事实上,在家庭教育中,方方面面都有溺爱现象,而且相当严重。

我想聊一聊我培养儿子的故事。在物质满足上,我们一直按"基本温饱"原则对待他。他上小学订校服,订三年级的,穿半年就把衣服放大一点,一套校服穿三年;家里来客人,孩子上桌吃饭不许坐正座,一定是坐在边上;到饭店吃饭,他一定是最后一个点菜,而且只能点一个;儿子5岁以后,我们的家庭经济条件是非常好的,我们夫妻和他谈,你不是创造财富的,而是消耗财富的,所以要节俭。他穿的衬裤、袜子都是带补丁的,姥姥不允许浪费,想新一年,旧一年,缝缝补补再穿一年。在生活上,儿子所有自己的家务都是他自己干,8岁就能做家常饭菜了;待人接物由姥姥亲自主抓,按照《弟子规》来要求……整个小学毕业以前,我们就是这样教育孩子的。因此他能读4所世界名校,精通5种语言,21岁半,就被加拿大外交部破格录取为外交官。外交官的这个岗位设计是要求有政治学硕士学位的，全世界每年毕业的政治学硕士几十万，我的儿子是黄皮肤、本科生，为什么被破格录取？原因有下面几条：一是杰出社会贡献，他做公益4年多，获得过杰出社会贡献奖；二是高情商，特别善于待人接物，与人相处；三是国际化视野，他游历过100多座世界名城，精通多种文化语言；四是拥有优秀的领导力潜质。

管中窥豹，家庭教育决定了孩子的人生成败！

唯分数论

什么叫唯分数论？就是格外注重考试成绩，以考试成绩作为对学生评价的唯一标准，几十万甚至上百万的孩子在同一张试卷上"竞跑"。唯分数论，导致高中教育、初中教育异化，所有的孩子都学一样的教材，考一样的试，这抹杀了孩子的个性！

学校教育教知识求升学，抓分数就是抓"果"；家庭教育教做人求成就，培养学习动力就是抓"因"。如果就抓果不顾因，教育一定出问题，因果大道是天道，不可逆。然而，事实是90%的父母就是目光短浅、随波逐流，在家庭教育中，只抓分数不抓因。

唯分数论主要表现在以下几方面。

1. 父母对孩子的分数高期望、高标准、高要求。练习册做得越多越好；补课补得越多越好；考试分数越高越好；下次考试低于上次，父母接受不了，直到得满分。因此，孩子几乎把全部时间都放在了学习上，不是在学校的课堂里，就是在去补习班的路上，几乎没有体育、没有音乐、没有大自然……

2. 父母对孩子物质上要什么给什么、生活上大包大办，孩子只需要全身心地学习就行了，所以孩子名牌在身、电子产品在手；所以孩子衣来伸手、饭来张口；所以孩子肩不担担、手不提篮，因为有"保姆"。

父母唯分数论的最终结果是怎样的呢？孩子自信心越来越差，因为做不到无限超越；孩子害怕失败，因为失败了父母就失望、就指责；孩子沉迷于网络之中了，那里可以找到亲密感、归属感、成就感；孩子学习成绩不停地下滑，父母的焦虑就自然而来，孩子也没有了好日子过……而父母的指责、唠叨、抱怨、要求、加码，势必导致沟通障碍、叛逆、自我放弃……权威部门、媒体部门多次做过调查，研究中国名校状元，发现这些高考状元，几乎都是在没有父母"压迫"下，靠自主学习上去的，他们阳光向上、博学多识、善于思辨、艺体兼修，是快乐学习成功的样子，是孩子应该有的样子，我称之为"状元现象"。正确的教育就是能够做到让孩子在快乐中学习的！

催吼骂打

催，就是催促。父母对孩子做事效率不满而对孩子做出催促的行为。由于催促的目的没有按父母预期达成，他们便对孩子进行带有暴力特征的激烈行为，由低级到高级，分为吼、骂、打。

孩子起床起得慢、孩子吃饭吃得慢、孩子走路走得慢、要到睡觉时间了孩子作业还没写完，等等。日常生活中的方方面面，父母都要不停地催促。父母在家庭教育中，不是从建家规、做家务、赋予孩子权利与责任开始，去训练孩子的思想观念、提高孩子的行为效率，到了父母认为的最佳时机，父母却向孩子要效率了。孩子刚刚上一年级，还没有学习能力，也没有学习习惯，更没有学习意愿，而父母认为孩子上学了，就要像个学生样儿，就应该具备学习素质，陪着孩子写作业，老是觉得孩子慢，于是就不停地唠叨、催促，却发现，父母越催促，孩子越慢！到了四年级，孩子厌学了，顶嘴了，不听话了。但父母还不做反省，而是变本加厉，催不成，就肆无忌惮地开始了吼叫甚至骂人、打人。孩子刚刚上学，是一张白纸，还没有学会学习，这正是应该培养孩子学习能力、学习习惯和学习意愿的关键时期，父母却不顾孩子的心理感受，一味地跟孩子要结果，这哪是人性化的教育啊！不符合孩子的生命成长规律，也不符合教育规律。想想看，你是一位新员工，刚进到一个企业里，不给你培训，就让你胜任工作，而且每天老板总在你眼前，你不慌吗？你心理感受会好吗？你在做事，老板就站在你的身边，还不停地催促你，你不心烦意乱吗？感受不好，心烦意乱，没有面子，你还能高质量地完成工作任务吗？还会爱上这份工作吗？

凡催吼骂打，一定破坏孩子学习的心理感受，使孩子心烦意乱，会让孩子认为"学习是万恶之源"。不上学时什么问题都没有，是妈妈的好宝贝，可一上了学，全变了！自尊心受到伤害，自然会使责任心下降；责任心下降，就导致自信心降低；自信心降低，上进心也会随之崩塌。孩子不上进了，父母能要到催吼骂打想要的结果吗？很多父母，正在做的与想要的结果正是南辕北辙。催吼骂打是父母无知又无能的表现，不立即开始学习改变，孩子就注定会成为牺牲品。

和别人家的孩子比

父母们总爱把自己孩子的不足和别人家孩子的突出优点做比较，希望自己的孩子奋发努力赶上乃至超越对方才好，天天嘴里就是"别人家的孩子"。这种比较本身就透露出父母对孩子不满意、失望、抱怨、恨铁不成钢的内心要求。

我们父母不专业，在教育上就会永远一叶障目、掩耳盗铃，永远只谈自己想要孩子如何做，而从来不去体会孩子的心理感受是怎样的，不看孩子的表现和反应是什么，当父母拿自己的孩子和别人家的孩子做比较时，其实就等于父母试图把每一个孩子身上的优点全部都提取出来，然后拼凑成自己心里一个完美的孩子，就拿自己心里这个完美的孩子做标准，跟自己的孩子去做比较，请问这公平吗？这合理吗？这科学吗？

假如你的父母希望你学习成绩像"韦神"那么好，个子长的像姚明那么高，奔跑的速度像苏炳添那么快，钢琴弹得像郎朗那么名声大振……你认为这可能吗？那是孩子你无论如何努力都到达不了的彼岸！在这样的情形下，孩子能感受到父母的真爱吗？所有把自己的孩子和别人家的孩子做比较的父母，对现实中的孩子都不是真爱，他们爱的是他们心里的那个完美的孩子，我称之为"小黑孩儿"。假如家长把自己的孩子和别人家的孩子比，真的就是为了激发孩子的上进心、提振孩子的竞争士气，希望孩子以昂扬的斗志、不屈的精神、必胜的信念投入学习，结果一定是恰恰相反！

　　当父母经常这样把自己的孩子和别人家的孩子做比较，比较个一年两年，当孩子感受到父母真爱的是他们心里那个"小黑孩儿"时，孩子会非常难过、沮丧，面对一个高高的标杆，他不论怎么快速奔跑、拼力跳起，都无法达到那个高度，于是，自信心就大大下降，斗志就越来越低，觉得自己越来越糟糕；他感觉到自己在父母心目当中越来越不堪，越来越让父母失望，他觉得有愧疚，而愧疚是最高级数、最深、最强的负面能量情绪，于是，孩子觉得活着没有价值感；虽然一瞬间，他大脑的思想里决定要奋力拼搏一把，但是，他内心里面没有爱的力量啊！自信心是一个人能够向前的基础动力，孩子没了自信，就像车没了油。驾驶者想往前开，但是没油了，怎么向前开？于是就趴在原地不动了。从此，这个孩子会一蹶不振。

　　教育特别忌讳和别人家的孩子比，典型的"长别人孩子威风，灭自己孩子士气"，一比就把自己孩子比死了。

当众批评

　　父母在除了自身以外的任何人面前，对孩子所做的批评都叫作公众批评。

　　人与生俱来具有高自尊需求。社会上所讲的"给面子"，就是人对尊严的需求。在人的个性品质当中，自尊心是第一位的，此外还应该包括责任心、自信心、上进心、自控力、意志力等。孩子的自尊心是棵小树苗儿，很脆弱，经不住"风吹雨打"，在培植和保护孩子自尊心的前提下，如何做对教育、做好教育，是个非常专业的活儿，考验父母们的教育智慧、教育能力以及教育耐力，教育做得对、做得好，孩子这棵自尊心小树苗儿就逐渐变得茁壮，直到这棵小树苗儿长成参天大树，才能经得住狂风暴雨。

80%的父母因为不懂教育，缺少教育智慧，会在别人面前批评自己的孩子。孩子在学校犯错误了，老师给父母打电话投诉，要求父母立即来学校谈孩子问题，绝大部分父母到了学校，一定会在老师面前把孩子狠狠地批评一通，因为他们担心不惩罚孩子就会惹老师生气。他们不敢得罪老师，觉得父母一定得给足老师面子，否则，叫父母来学校干啥？父母除了现场批评孩子外，还要对自己的家庭教育情况作深刻检讨，并表态，回家之后一定"整改"，一定不再犯此类错误。

父母当着老师的面（可能很多老师都在办公室里）批评了自己的孩子，孩子表面上是接受了、服气了，实质上，父母却制造了更深的师生矛盾。父母惩罚孩子、批评孩子，他们还是孩子的父母；但对于孩子，他们的心理感受却是丢了尊严，为什么丢了尊严？是因为老师的投诉，如果老师不投诉，父母就不会来学校，就不会在老师办公室众多人面前被父母批评，所以，父母当众批评的结果是给孩子和老师之间拉了"仇恨"，这是极其愚蠢的做法。孩子一旦不喜欢哪科老师，甚至是恨上了哪科老师，哪科成绩一定下滑。因为孩子不喜欢，所以就不爱听他的课，一到上这科课，孩子就不专注、就走神儿分心，知识漏点就会越来越多，因为这一科学不好，就可能让孩子失去学习的信心。同时，孩子每次被伤自尊，都像是往孩子自尊心这棵小树苗儿上砍斧子，树必须要花很多能量、很长时间进行自我修复，虽经修复，仍会留下伤疤，这个修复期就耽误了树向上长。

我儿子小时候天性淘得很，读初一的时候发生了"打水仗事件"，他领着一帮小朋友去学校边上的小卖店要了很多小塑料袋，装上水，把口系上，成了"水炸弹"，就在走廊里互相抛水袋打对方，搞得满走廊都淌着水，老师认为这是很大的错误，于是把我和妈妈叫到了学校，见到家长，老师还打算把我儿子也叫来一起当面问责，我急忙开始"扳道岔儿"："老师你好，孩子犯错误了，肯定是我们家庭教育的责任，到底发生了什么事儿？请你先给我讲一下，然后我回家一定好好教育我孩子，而且，今晚我会给你发邮件报告我们家的处理结果"。那位小老师听了我这几句话，稍愣了几秒钟，接着说："你这个家长很不一般呐"，我知道，别的家长肯定当着老师的面儿狠狠地批评了孩子，出了老师的气，扬了老师的威。回到家里，我们家三口人和风细雨地开了一次家庭会议，得出了三点共识：一是人不怕犯错，错了就敢承担，改了就是好孩子，学生不该违反校规，这是要跟老师做检讨的；二是老师对你很好，她看到了你身上的优点，表扬了你英语很好（这一点是不拉"仇恨"，让孩子觉得老师很给面子）；三是孩子不守规矩是父母的责任，爸妈已经跟老师检讨了，爸妈和你一起承担错误、一起改正错误（这一点是强调和孩子有难同当，陪着孩子改正错误，让孩子感受到父母的爱）。这三点共识里边包含很深的教育道理。共识一强调的是面对错误的正确态度，态度端正了，事情才能处理得好；共识二化解了孩子对老师投诉的"仇恨"，让孩子觉得老师很给面子，让孩子感恩，孩子一定会为爱而努力；共识三强调了父母要和孩子"有难同当"的态度，"荣辱与共"的决心，让孩子感受到父母的真爱。

所以说孩子犯错是促进亲子关系绝佳的机会。

挑剔指责

父母不看重甚至全然忽视孩子的优点，在任何情况下都以负面消极的思维、审视放大的眼光，在孩子的思想和言行中找到问题并进行批评纠正，就叫作挑剔、指责。表现着父母对孩子高要求、不信任、否定和失望。

我爱人聪明、明理。小时候考试考了95分，回家面对爸爸的时候特别恐惧，因为爸爸一定会面色严肃地问："怎么丢的5分？为什么没得100？"她考试得了100分，特别欣喜，回到家立刻"报喜"，而爸爸略显高兴却又淡淡地问："你们班有多少个100分？"爱人说当时她立刻就没了价值感，似乎是一盆冷水顺着头顶浇了下来，浑身都是凉凉的。

孩子穿衣服、吃饭、学习、做家务、行走坐卧、人际交往、待人接物等，每天父母都能找到孩子的不足或问题。挑剔指责是在追求完美，而完美并不存在。教育是要激发每个孩子的优势，"扬长带短"，最终达到全面发展。这个逻辑很简单，也很明了，但有的父母就是无法改变。

假如你是员工，老板不看你的优点，天天挑你的不足或毛病，你会有被认可的感受吗？老板每每找到你的不足或毛病，就当着所有人的面，劈头盖脸地把你批评一顿，你会有被尊重的感觉吗？你每天工作都要受到老板一到两次这样的挑剔和指责，你还会有价值感吗？那我们知道，成年人的心理承受能力要远远比孩子强大，你想，如果你的孩子每天受到来自父母一到两次的挑剔和指责，他还会有自信心和斗志去学习吗？父母的挑剔指责，犹如"千斤坠"，一直在向下拉着孩子坠入深渊，越来越自卑，越来越怯懦，不敢想更不敢挑战，不上进更不快乐，自我价值认同越来越低，直至放弃自我。

父母为什么会成为这种挑剔指责的父母呢？一般有下列几种情况：一是自身有缺憾，希望在孩子身上找补回来；二是原生家庭出了问题，他们的父母肯定至少有一方是非常负面的人，从小对他否定太多，批评太多；三是自身是完美型人格，没有在现实中注重学习、修炼求得改善，凡事都高标准、高期待，但又力不能及，这样的人幸福指数会很低，活得很累。

要挟强迫

父母利用孩子的需求或弱点，仗恃自己的"权威"，胁迫孩子满足自己的要求，并且通过施加压力使孩子必须服从做到，这就叫要挟强迫。

"你再不听话，我就不要你了""这周你考不好，周末就不能和同学出去玩儿了""作业做不完不许睡觉""妈妈这么辛苦，赚钱供你上好学校读书，你就考这个成绩？我给你报完补习班了，明天就去补习"……孩子完成了今天的作业，刚想拿起自己喜欢的《十万个为什么》，却听到妈妈说："到睡觉还有半个小时呢，怎么不再做一套练习题？看什么闲书？"……这时孩子的感受是被压抑，愤怒在心里堆积起来，因为他感受到的是父母把他变成了学习机器，他不可以有空闲时间，他不能有自己的爱好，他不能出去和朋友玩儿，如果不听父母的话，就会被吼、被骂、被强迫，于是，孩子就会怀疑：妈妈爱我吗？爱我为什么不尊重我？爱我为什么不让我有美好的心理感受？爱我为什么年复一年地让我难过？这种情况，孩子的情绪就会非常低落，心情就会非常沮丧，你想他还会专注地去学习吗？

要挟强迫是一种简单粗暴的教育方式，是父母不懂教育"胡作非为"的表现，是父母教育理念失当、教育能力低下的大暴露。给孩子加码，损害孩子的权益，要孩子听话照做，父母对自己这些要挟强迫如果还不觉醒，还不立即改变，一到青春期，孩子一定会叛逆，因为哪里有压迫，哪里就有反抗，到那时，父母就会深陷焦虑之中，无边无际。专业的父母一定是在无为之中无不为，抓住教育的关键发力，激发起孩子的学习意愿，孩子才会自动自发。

教育主体标准不一

所谓教育主体，就是指孩子的施教者，即父母、祖辈家长或其他监护人。孩子生活的家庭里，如果教育主体教育理念不同，教育标准不同，教育方法迥异，孩子就会无所适从，他就会按照自己的心理感受，对不同的事情、在不同的时机，遵从"舒适度"最高的那个教育主体，所以你看到的孩子就会变成"四不像"。

孩子要玩手机，爸爸不允许，但妈妈说"玩一会吧"，孩子就会感激妈妈，讨厌甚至恨爸爸；妈妈喊孩子赶快去学习，正在看电视的孩子说"再让我看5分钟"，妈妈说"不行"，这时爸爸说"再看一会吧"！孩子就觉得爸爸"宽容",妈妈严厉,妈妈成了得罪人的人;孩子跟父母要钱,非必要的钱父母不允许花,但孩子去跟爷爷要钱,爷爷就爽快地给了,从此,孩子要钱的事儿就不跟父母说,而是直接跟爷爷要……孩子已经变成了一个投机取巧的"变色龙",哪里有好处就奔哪里去,甚至不择手段。如此这般,我们的教育不就"流产"了吗?孩子健康成长的全过程"失控了",因为,不同时间、不同地点、不同事件,总有人"扳道岔儿"。

家庭教育主体标准不统一,就等于没标准,甚至把孩子推向歧途。

父母情绪化

情绪,是指人在从事某种活动时,所产生的或好或坏的心理状态。人们平时所说的"七情"——喜、怒、忧、思、悲、恐、惊,就是指人的七种心理状态。本书所讲的父母情绪化特指父母坏情绪。有些父母的心理状态,很容易受到来自外界和孩子言行的或大或小、或是或非的因素影响而发生较大的情绪波动,而且父母的喜怒哀乐经常会因为外部变化和孩子的"好转"而瞬息万变,一会儿风一会儿雨,一会儿高兴得开怀大笑,一会儿又"泪飞顿作倾盆雨"。在这样的情绪驱使下,父母常常会对孩子施予一些不理性言行,进而造成孩子糟糕的内心感受,严重影响孩子完成接下来的计划中的任务。简单地说,什么是父母情绪化?就是指父母任性、喜怒无常。

每周小考成绩出来那天,那些"唯分数论"的父母接上孩子,肯定憋不住要开口问"这周考的成绩怎么样啊？"一看成绩单，所有科考试都是九十九分、一百分的，班级第一名，哇！父母就眉飞眼笑，对孩子是赞不绝口，马上许愿给奖赏，吃大餐、打游戏、看电视、假期去哪里旅游等。晚上打开手机进了孩子班级家长群，会有很多人"分享"自己孩子考试情况，考得不好的孩子家长眯着、听着，怀着沮丧的心情，偷偷地"取经"。考第一名的孩子父母，会滔滔不绝地给其他人"传经送宝"，还会给亲朋好友通几个电话，报告喜讯……下一周考试成绩出来了，孩子不是第一名了，从第一名跌落到了第六名，哇！妈妈受不了了，"你怎么考的？""平时告诉你多做几套练习题，你就是不听，要不能掉下来这么多吗？""以后不许再看电视""你这孩子就是不听话，我看你是没救了"……此时，面对情绪失控没完没了的妈妈，孩子感受到的是惊悚、压抑、不安、愧疚……"我告诉你，这周你必须好好学，下周考试如果进不了前三，假期就不要去度假了，在家好好补课，所有的奖励都取消……"当孩子听到妈妈的最后通牒，各位父母，我们一起来共情一下，孩子会有什么样的心理感受？对，孩子心里会问：难道我就是一个考试的机器吗？妈妈爱成绩胜过爱我！当孩子有了这样的心理感受，他的心理能量变得非常低，没有爱了，心就没有战斗力了！孩子不仅缺了爱，还大受指责、抱怨、否定，接下来的一周，孩子就在这种复杂的负面情绪压力中去学习，原来孩子是一身轻松地去"备战"，现在孩子心理承受百斤重负，能跑过别人吗？还怎么考出好成绩！

80%的家庭有沟通障碍，60%有沟通障碍的家庭父母会情绪化，所以人们可以听见、看见很多人家经常"鸡飞狗跳"不得安宁。父母情绪化有很多原因。第一种原因是文化素养不够，仁恕圆融没有达到一个基本修炼层次，但心理承受能力又差；第二种原因是原生态家庭的不和谐，比如小时候父母经常吵架；第三种原因是基因遗传，父母一方或双方就是情绪化的人，耳濡目染；第四种原因是对教育的无知，父母方向不清、策略不懂、茫然失措，所以焦虑暴躁；第五种原因是高要求、高期待、唯分数论，不是真爱孩子，而是爱自己心里的那个"小黑孩儿"。

成绩凌驾于爱之上，教育就不会有好结果。父母情绪化会导致怎样的恶果呢？孩子因为缺爱、被控制、被强迫，所以没有价值感，不愿再努力，拖拉磨蹭，意志消沉；孩子深陷焦虑，每天上学中及放学后，头脑中常会出现父母情绪化的嘴脸，影响孩子专注力，让他们心神不宁；长期身处父母情绪化中的孩子，可能会从心理问题再演变成生理问题，孩子睡眠不好，免疫力低；孩子容易走进网络或早恋，父母不思改变就会导致沟通障碍和叛逆，甚至离家出走。

希望情绪化父母能迅速地通过系统持续的学习，读懂孩子，明白教育，看透人性，不断提高认知维度，让孩子在快乐中学习成长。

父母负榜样

父母长期以来稳定的、不正确的思想和言行，对孩子成长潜移默化地产生重大负面影响，并使孩子的思想和言行产生趋同化，这叫父母负榜样。

父母负面心理，老是担忧恐惧；父母挑剔，不看他人优点，专门看别人不足或缺点；父母情绪化，经常闹得家里鸡犬不宁；父母不爱锻炼，懒惰、随便、邋遢；父母不愿承担家庭责任；父母不敬孝自己的父母；父母对自己的职业不敬业；父母不讲诚信，答应朋友或孩子的事情不兑现；父母不爱读书，学习改变意愿不强烈；父母没有远大理想，得过且过、守成或混日子……这些都是不正确的思想和言行，对孩子坏影响非常大，因为孩子跟父母大部分时间同处一个环境，古人说：身教胜过言教，境教胜过身教。同时，孩子在慢慢长大，开始有了自己的思考，他的思想和言行反过来又影响父母，如果孩子对父母的影响是正向的，那是好事，如果是负向的，那就会使这个家庭错上加错，彻底错乱。

我们在马路上开车，经常塞车，为什么塞车？因为在一个高度上的人太多了。塞车会让驾驶人很焦虑，很烦躁，快乐不起来，再遇到有紧急事情要处理，心是被煎熬的，要想逃离这种感受，那就要开上"飞机"，拔起来一定高度，当你的高度超越很多人的时候，你就处在一个相对更自由的空间，人生感受便是翻天覆地了，看着大多数人还在低层次上"拥挤、内卷"，你会尝到人生卓越的美感、幸福感。如何让自己穿越到另一个高度上去？一是自己学习成长做好准备；二是有人拉你一把。

第二章
Chapter 2

父母类型、语言模式及危害

所有问题的答案都在更高的层次上,高人指点是认知"穿越"的最捷径。

教育一定有因果。我们看到孩子身上呈现出来的所有问题，都是教育现象或结果，"按图索骥"，用正确的教育逻辑去推演，我们很容易就能发现其背后的成因。孩子的问题本质上都是父母的问题。孩子的每一个问题，一定对应着父母的某些"缺陷"。

我们通过因果对应关系，来看孩子问题和父母原因，可能更清晰，利于父母提高对自身所做教育的重新认识。

1. 孩子做事没有主动性，也不爱学习。父母一定在生活上溺爱了，但在学习上又有要求。

2. 孩子没有上进心，缺乏学习动力，已经厌学。父母一定没有重视理想教育，但对分数一直都有高要求。

3. 孩子自卑，失去自信，自暴自弃。父母一定对孩子否定太多，指责太多，不乐意接纳孩子。

4. 孩子性情暴躁，好发脾气。父母一定急躁、易怒，夫妻关系也常常出现严重问题。

5. 孩子性情懦弱，胆小怕事，不敢挑战，退缩逃避。父母一定控制太强，恐吓多，贬抑多，批评指责多，或总拿自己孩子和别人家的好孩子比较。

6. 孩子爱说谎，或口是心非。父母一定缺乏宽容，甚至态度刻薄，经常惩罚打压孩子。

7. 孩子和父母有沟通障碍。父母一定是沟通能力太低，和孩子没有共同话题，或不懂孩子心理，倾听少、帮助少、挑剔多。

8. 孩子自私，以自我为中心。父母一定溺爱孩子又放纵孩子，或父母就是自私、不守规矩的人。

总之，父母的类型，父母的语言模式及其背后的思想观念、价值取向、行为特征以及遗传特征，几乎决定了孩子的人生。

七种父母类型、语言模式及危害

1. 保姆型父母

凡事都替孩子做，标准的"全代替"。

穿衣服、洗衣服、做饭洗碗、打扫卫生全都由父母包办了。在我15年的精英教育过程中，我接触了上万个家庭，统计发现：18岁前的孩子，不做家务的孩子36%，偶尔做家务的孩子51%，经常做家务的孩子占9%，经常帮忙做各种家务的孩子仅占4%。陶行知在《生活教育文选》中指出："劳动教育的目的，在谋手脑相长，以增进自立之能力，获得事物之真知及了解劳动者之甘苦。"长期不做家务，这些重要的成长机会都将会被白白浪费。

保姆型父母的语言模式

"我的孩子离开我不行"；

"我不帮他，他就做不好"。

保姆型父母从孩子生下来就对孩子一直抱着"高期待"，他们自身所有的价值都寄托在孩子的"出人头地"上。每在人前,讲起自己为什么要对孩子给予保姆式的"服务",便是这套话,"我的孩子离开我不行","我不帮他,他就做不好",像是在述说自己的功劳。殊不知,这样培养出来的孩子不独立、不自立、没有思辨力、学习没有主动性、做事不爱动脑筋、凡事都得过且过。三岁看大,七岁知老,我们很难把这样的孩子和国家未来所需要的人才联系在一起。

2. 放任型父母

孩子从小到大,想怎么样就怎么样,孩子做"主导",牵着父母走。

什么样的家庭容易出放任型父母呢?

第一种情况是父母忙于生意,顾及不了孩子教育。孩子年龄小、该受好教育的时候,父母因忙于生意而放纵孩子,到孩子大了的时候,父母用拼命赚来的钱,为孩子补课,殊不知补课永远都解决不了孩子学习动机的问题,没有几个孩子是因为补课而"咸鱼翻身"成为精英的。

第二种情况是父母懒惰,不负责任,天性不要强。打麻将有时间,朋友聚会有时间,旅游有时间,就是教育孩子这件事儿不愿意付出时间和精力。更有甚者说"儿孙自有儿孙福""不能因为孩子影响我享受生活"。可见这样的父母,不仅懒惰,还很自私。没学历问题不大,没文化才最可怕!父母对人生终极意义的认知高度局限了孩子的培养。

放任型父母的语言模式

"孩子不用管,我就负责赚钱给孩子找老师就行"

和这样的父母对话,我发现他们这样对待孩子的培养,是有其理念支持的。那就是"我们小时候也没人管啊""树大自然直"。请读者思考一下：时代变换了，巨变发生了，还能看老"皇历"吗？树大了真的能自然直吗？放任型父母培养出来的孩子，被疏离缺爱、没规矩，做事随性，不用心，缺少"重要人物感觉"。孩子一旦长大，因为太缺少引领，大都不会追求上进；因为太随性而为，想怎么样就怎么样，所以人际关系一定会有问题，没人愿意跟不守规矩的人交往；网瘾、早恋、和不良孩子混到一起的比比皆是。

3. 焦虑型父母

每天都处在紧张的情绪下，对孩子的未来充满担忧，活得特别累、特别痛苦。

焦虑型父母多出现在妈妈圈里，相对而言，父亲焦虑的很少。从孩子出生，妈妈就深陷漫长的焦虑黑夜。她们每天早上喊孩子起床，担心他上学晚了；每天放学孩子回到家里，刚吃完晚饭，她们就催孩子赶快去写作业，担心他写不完；季节变换，妈妈担心孩子感冒；走在马路上，妈妈担心他被车撞着；孩子和同学去玩儿，妈妈担心他会跟坏孩子学坏……

焦虑型父母是自己情绪的奴隶，她所在的家庭里，常常会鸡犬不宁，因为这个家庭长期存在着一个"诅咒"的发出者、矛盾的制造者，夫妻关系就会出现严重问题，本来母亲应该"厚德载物"，带给孩子慈爱、善良、宽容，父亲重在影响孩子"自强不息"，给孩子指引目标、责任、方向，而夫妻关系问题又加重了妈妈的焦虑，使夫妻双方都没法尽教育之责。妈妈的焦虑及其焦虑导致的结果，犹如雪上加霜，最后都要孩子来承受。

心理学上有个定律，叫墨菲定律。大意是：人越担心的事情，往往就会发生。这种焦虑型的妈妈，她的急，她的担心，她的情绪外泄，都是对孩子的负面暗示，长此以往，孩子身上真的会发生妈妈所焦虑的状况。

焦虑型父母的语言模式

"你快点儿，怎么老是那么慢？"

"太磨蹭了"！

"考不上好高中怎么办？"

焦虑型父母培养的孩子，心理不健康，情绪不稳定，负面，不自信，怕失败，觉得人生不幸福，甚至有时会想放弃自己，采取了极端行为——跳楼自杀。

4. 比较型父母

把自己孩子各个方面的一切呈现，都在身边朋友或孩子的同学中，找到"对标"的比较者，而且，与其比较的"项目"，一定是远超自己孩子的，因此他们天天嘴里就是"别人家的孩子"。

学校学习成绩，和前三的同学比，有很大差距，人家的孩子多努力、多认真、多勤奋！生活自理能力，和朋友家的孩子比，人家的孩子干啥都行，不用父母操心，多心疼父母！……总之，无论是学习、自理、人际关系、演讲、弹钢琴……所有的事情都要和别人家的孩子比，比的结果是自己的孩子越来越不开心，越来越不上进。越比自己的孩子越差，父母却不知问题到底出在哪里。

比较型父母的语言模式

"你看别人家谁谁谁，多争气"

大多情况下，这样的父母自己的人生是有缺憾的，是不自信的，因此他们特别希望孩子把自己没有实现的事情实现了，挣回面子，补了缺憾，其实是在让自己的孩子过"二手"的人生。比较型父母教育的孩子大多会出现一个严重问题——不自信。孩子认为：我不行，什么都不行，别人都比我强，因此，父母老对我不满意，我活着还有什么价值呢？孩子开始怀疑人生了，非常可怕！教育特别忌讳和别人家的孩子比，典型的"长别人孩子威风，灭自己孩子士气"，一比就把自己孩子比死了。比较就一定会伤到孩子的自尊心，自尊心一降低，上进心就降低，孩子一直感受到"我不行"，可父母的要求却反向提升，势必导致沟通障碍、叛逆，问题就越来越多，甚至出现系统性问题，改起来很困难、很煎熬。

5. 控制型父母

因为自己在某些领域很有经验，甚至很有成就，便对孩子实行简单、粗暴的命令控制。

这样的家庭，一定缺少温度。早上会听到严厉的"起床号"；吃饭时会听到命令式"吃饭"；开家庭会议时孩子发言没有满足父母的预期，便会听到"闭嘴""就按我给你说的做"之类的警告；孩子学什么才艺，父母直接就给报了班；孩子补什么课，父母不和孩子商量就给孩子找了老师……一切事情都不征求孩子意见，他们认为孩子不懂什么，大人要为孩子做主。

控制型父母的语言模式

"你要听话"!

"我都给你安排好了"。

控制型父母自以为是,以为自己在某一领域有经验、有成就,在孩子教育上就也能成功,这是对教育的蔑视,已有经验没有让他更"豁达"、更开放、更通透,恰恰相反,正是已有的经验和成就,限制了他们对教育的认知。把教育孩子成为优秀人才这件事看得很简单,一定是因为浅薄。控制型父母培养的孩子有两种结果:一种是沟通障碍——叛逆——无视他人和规则;另一种是沟通障碍——逆来顺受——抑郁或者成为"绵羊",孩子越来越没有力量,未来人际关系肯定不好。没有一个父母能赢了孩子。哪里有压迫,哪里就有反抗,不是在控制中爆发,就是在控制中死亡,最后,一定是让做父母的,输得一败涂地。《礼记·学记》曰:"故君子之教,喻也。道而弗牵,强而弗抑,开而弗达。"就是讲好的教育绝不是"牵着"孩子走,也绝不"压抑"孩子,只有循循善诱才能事半功倍。

6. 指责型父母

父母老是看孩子的缺点,"挖空心思"地挑剔孩子的所作所为,找到问题,便进行所谓"为了你好"的批评、指责甚至骂打教育。

孩子做了10道题,9道题是对的,但父母只看错的那一题,进行指责;孩子练习书法,写了一页的字,父母专挑那个写得不好的字进行评价,指出问题;孩子在班级里考试考到了第五名,父母帮孩子分析试卷,找到错题原因，然后对孩子说：这些地方都给你讲过呀，如果不丢分，你不就是班级第一名吗？在他们的观念里，孩子应该是完美的，但父母自己的人生又创造了怎样的完美呢？自己都不完美，为什么要求孩子完美？其实，本没有完美，只有不断完善。

指责型父母的语言模式

"你怎么就是做不好！"

"不是给你讲过吗？"

指责型父母负面倾向非常严重，能量非常低。凡事不看正面，只看负面。究其原因，基本上来自原生家庭，从小受打压、得到的否定多，没得到足够的肯定、赞美、认同，自己做了父母，就自然不自然地复制了这种教育模式。这种父母培养的孩子，缺少高自尊满足，对学习生活以及整个人生都不自信；情绪不稳定，老是担心别人怎么看他，生怕在人前暴露自己的缺点；不敢探索、不敢尝试、没有创新，职业成就低；畏首畏尾，人际关系不好；活在恐惧中、否定中，学习难度上来的时候，容易放弃学业。

7. 唠叨型父母

不停地说，重复多遍地说，所说的内容逻辑混乱甚至毫无逻辑，只要发现他们所说的孩子没有接受，就不顾孩子的情绪感受甚至逆反，还要再说一遍。

一件事情，说过三遍，就是唠叨。去接孩子放学，路上会问"今天老师表扬你了吗？"吃完晚饭，还会再问"今天老师表扬你了吗？"孩子对回答父母重复性问题特别烦！孩子到了青春期，父母会经常问"你班有没有给你写纸条的女生啊？""儿子呀，你可千万别谈恋爱呀，一谈恋爱学习就会下来呀，你就考不过别人了，考不上好高中，考不上好大学，这辈子就完了，别人也会甩了你"；三天两头就会和孩子唠叨起青春期的那些事儿，整个中学阶段不停地重复着，孩子能不烦吗？

唠叨型父母的语言模式

古希腊哲学家柏拉图说："正像空容器发出的声音最大，智力最低者最善于唠叨不休。"唠叨型父母靠感性随便地说、碎片式地说、多次地重复地说，每次说话不是考虑成熟了再说，说又说不清楚，这表示他们实在是能力很弱的父母，不具备较好的逻辑思考能力，唠叨就是不停地给孩子制造焦虑。这种父母培养出来的孩子不主动、不独立、逆反、不上进、心神不宁、深陷焦虑中。

上述7种类型父母及他们的语言模式都是错误的，对培养孩子危害极大。所以，我希望更多的父母能尽快觉醒，改变教育理念，提升教育智慧，能灵活自如地运用多种教育方法，成为孩子的引领者、教练、导师，孩子在这样父母的培养下，能健康快乐地学习成长，我把这样的父母称为专业型父母，是名副其实的家庭教育专家。

专业型父母

专业型父母会给孩子"重要人物感觉"。他们为了教育孩子，从孩子小时候起，就会建立家规，大人和孩子都要承担家务，并且每一周或两周还要召开一次家庭会议，总结各自的工作、学习和生活情况，特别重要的是，在家庭会议上，一定要让孩子充分发言，对自己点评，更要对父母的表现进行点评，赋予孩子责任、权利，这会让孩子觉得自己是"重要一员"。

专业型父母会经常带着孩子做多方面的尝试和探索。他们不急功近利地一味追求分数，而是注重让孩子从小开发智力，在孩子小学毕业前，他们经常带孩子去做多方面的尝试、探索和体验，比如参观博物馆、游历见世面、做社会公益、探索大自然、做各种手工、种植花草树、参加科学实验、尝试音体美舞及书法等，通过大量的尝试、探索、体验，开发了智力，提升了认知，获得了知识，发现了兴趣，就很容易让孩子爱上学习。

专业型父母懂得给孩子做生根的重要性。根，是树木向上生长的动力来源，做生根的教育，就是在培养孩子爱学习、拿高分、成功做自己的因。

专业型父母懂得共情，会运用同理心沟通理论和孩子交流。他们不说教，不粗暴，而是在分享中无为施教；他们不提标准、不给要求、不下命令，而是通过给孩子讲文史故事、伟人巨匠的经历以及游历实践，来开拓孩子的视野，打开孩子的格局，让孩子树立起远大理想，使孩子拥有高级思维逻辑能力……

专业型父母的语言模式

用"你"代替"我"。如：

"你有什么看法……"代替了"我认为……"

"你想怎么改善……"代替了"我想你应该……"

"你决定怎么做……"代替了"听我的，这么办……"

"你是怎么做到的……"代替了"我告诉你的方法好……"

专业型父母给孩子的是正确的爱，正确的爱一定是学习获得的。他们能认识到做父母是个非常专业的职业，要想培育优秀后代，父母首先必须成长为优秀家长；他们懂得学习成长的重要性，而且改变提高的愿望强烈，所以躬下身来学习如何做优秀父母。通过跟随专家导师学习，懂得了生命规律、懂得了教育规律、清楚了人才标准，掌握了同理心沟通技术……他们爱孩子、懂孩子，他们有理念、有智慧、有能力，孩子成为优秀人才几乎是自然而然的事。这种父母培养出来的孩子有道德、有责任、有理想、有信念，未来一定会爱学习、早成功、早成人，正是时代所需要的优秀人才。这本就是因果大道。

父母履职能力测试

请认真阅读以下测评题目，对自己作为孩子的父母的履职能力作一次自评。共计13个题目，每题最高10分，满分130分。根据题目内容，你认为你做得好计10分，做得一般计6分，做得不好计4分。如果某个题目你的孩子还没到发生相应事件的年龄段，则按满分计算。

1. 我父母很注重自身学习进步，我家经常一起学习和探讨红色文化和中华传统经典文化，并领着我或支持我去践行，比如做孝敬长辈的事儿、做社会公益等；他们能努力提高自己的工作能力，能努力提高教育我的能力，拥有一定的教育智慧，能作为我成长中的"智多星"。

2. 我父母很重视我的规则意识培养。他们从不溺爱我，也不允许爷爷、奶奶、姥姥、姥爷放纵我，从小我家就有家规，他们一方面给我做表率，另一方面对我严格要求，所以在作息时间、行走坐卧、言谈举止、待人接物、学习成长等方面，让我养成了很好的习惯。

3. 我父母很在意我独立性的培养。我很小的时候他们就教我做家务，让我要从小热爱劳动，最起码要把自己的事情都做好。所以我的独立意识、自理能力等都很强，至今我已学会了好几项生活技能呢，我学习方面的事从来不用父母操心。

4. 我父母的关系很和睦。互相尊重，相亲相爱，语言温和，态度诚恳，从不说脏话，无不良嗜好；在对待长辈、对待朋友、对待同事等方面，有时意见也会有分歧，但他们从不在我的面前争吵。

5. 我父母教育我要奋发上进。他们常常会给我讲一些古今中外的名人成长故事，用这些人的成长经历、人生经验、社会贡献来熏陶我，希望我树立远大理想，做一个有较大价值的人。

6. 我父母经常教育我要勤俭节约。每周给我零花钱后，不是不闻不问，而是让我记账，不能随意使用，而是指导我用在关键处。同时，告诫我不能轻易接受别人的馈赠，特别是不允许随意花别人给的钱。

7. 我父母常常关注我在学校和班级的表现。是否尊重老师？是否乐于助人？是否关心集体？是否有集体荣誉感？是否和品德好的同学交成了朋友？当发现我哪里做得不好的时候，他们会及时给我做分析、讲道理。

8. 我父母能为我创造比较安静的学习环境。为我设置了书柜，有些书是他们和我共读的书；我回到家后，他们电视、电脑从不开大声，以免影响我；更不邀人来家里打麻将或闲聊天；他们每天回到家里后，余闲时间大都在看书学习，很少刷手机。

9. 我父母经常询问、听取我的学习情况。他们不太重视我的成绩高低，他们更在意我学习是否认真？是否勤奋？是否乐于思考？是否能提出一些问题？检查我作业完成情况时，很认真，从不马虎、应付，更不随意在作业本上给我签字，防止我有惰性，在学习中偷偷地打折扣，这增强了我学习的自主意识和责任感。

10. 我父母能正确对我进行表扬和批评。为做好父母，他们参加过专业、系统的培训，所以他们能坚持正面教育和无为引导原则，不袒护、不纵容、不和别人家孩子比；不强势、不指责、无条件地帮我爱我；每次和我沟通，总是先找到我的"亮点"进行赞美，然后再心平气和地给我指出需要改进的地方，从不要挟我、逼迫我。

11. 我父母非常关注我的身心健康。如生理健康、心理健康、人际关系、社交适应、骨骼保护、视力保护等，引导我积极锻炼身体的同时，还时常陪我一起运动；教育我要有宽阔的胸怀和强大的意志力，并为我创造游历见世面的机会，和我聊他们的见闻，潜移默化地熏陶我。

12. 我的父母能跟我有难同当。在我的成长中，因为受到一些诱惑，开始有了一些不良的喜好和行为，比如，迷恋电脑、手机、看无意义的动漫、学习成绩下降、被老师告状、不愿意上学，等等，我父母会：A．跟我一起找原因，给我讲明道理，并承担他们的责任，我们一起改变；B．他们不承担任何责任，对我实行强制，催吼打骂都有；C．他们不认为他们有责任，也管不住我，干脆听之任之了。（A：10分；B：6分；C：4分）

13. 我父母能积极主动地与学校互动。他们和老师保持经常性联系，及时了解我在学校的情况；积极参加家长会，积极支持和配合学校，共同教育好我，而不是像很多父母那样把孩子丢给老人就不管了，或者让老师代管，甚至学校老师主动打电话和他们沟通时，他们总是说自己工作忙、家里忙……

总得分：

你合格吗？优秀吗？

第三章
Chapter 3

顺应孩子的成长规律

当父母对生命真相无知或漠视的时候,孩子的不幸和父母的悲哀就一同来了。

父母真的懂孩子吗？孩子生命似"无"的小宇宙里，蕴藏着"万有"。为什么父母捧着刚出生的孩子怎么看都像龙像凤，而这个孩子被教育到18岁或大学毕业后就沦落成平庸之人了？因为父母做了太多的错教育！不懂孩子，怎么能做对教育？买家电会看到一张使用说明书，投资做企业必须根据市场调研做一份商业计划书，但做父母我们做了什么、准备了什么？

基于《道德经》"道法自然"的哲学观，本章我们一起来揭示生命的奥秘。

孩子是个小宇宙

第一，我们的孩子出生就有无限能量、无限可能。从一个受精卵到一个完整的人，在10个月的时间里，细胞经历了无数次的裂变与分化，形成完整人的各器官和组织。怀孕的过程里，那个胎儿就能感受音乐；能站立的时候，孩子还可以自己踩着音乐节拍跳舞，因为他"学过"；在无人教的情况下，孩子能听懂语言，会说语言；孩子能感受到妈妈的温暖、味道、喜怒、心跳、脉搏等等。一个受精卵，一个刚出生的婴儿，就是一个小宇宙，但谁都不知道这个小宇宙里边都"藏"着什么，因为无"相"无"名"。孩子未来或许非常热爱化学，成为化学家；或许非常热爱哲学，成为哲学家；或是成为优秀设计师，搞飞机大炮；或是成为伟大科学家，搞抗疫疫苗……谁都看不出来"相"，但皆有可能，这就是孩子的生命奥秘——"无"中藏着"万有"。

第二，孩子的生命一直处在成长变化之中，父母就要不停地进步，成长到孩子的前面去。在这个过程里，孩子要吸收营养，父母给予孩子什么，孩子未来就最容易爱上什么、成为什么。如果父母给予的是好的，是正确的，是孩子喜欢接受的，孩子成长的就更快更好，反之，就会抑制这个新生命的生长。如果父母不懂这个规律特征，不懂这个天道，进步就会慢；不具备教育能力，怎么引领孩子？在孩子后面追着跑或者是"拖后腿"，那不就误了孩子的人生吗！

第三，宇宙在条件具足的时候会发生大爆炸，释放无限能量，生出"万有"，即万物。让孩子生命小宇宙发生"大爆炸"的条件就是正确的教育。作为父母，你还能"静待花开"吗？真爱孩子，你必须去给孩子创造和提供引起他小宇宙"大爆炸"的条件——正确的教育观念、高级的教育养料以及高超的教育能力。一是要给孩子的生命供应全面的、充分的好养料，润化这个生命，当生命被滋养、润化到一定程度的时候，就会发生"大爆炸"——破壳生根，高效生长。生根就是养成了高尚道德品质、有大担当精神、有远大理想、有强大意志力以及具有高级逻辑思辨力，能量爆棚地去攀登学习生涯一座又一座高峰。

一定会生长

人是小宇宙，种子也是小宇宙。在大自然里，一粒种子被风吹落，落进土地里，在下一个春天到来的时候，我们会看到这粒种子破土发芽了！无论是人为种植，还是由大自然"哺育"，我们发现这粒种子一定会生长出来，让你看见。种子为什么能够自然地生长？生根、破土、发芽、茁壮直到长成最好的自己？是因为种子有生命、有能量、有无限可能。

在外界给予"适当而且足够的营养和条件"下，种子这个小宇宙就发生了"大爆炸"——破壳、扎根、破土、发芽、开花结果、成为最好的自己，在万物之中，添光溢彩，竞艳播香；如果没有外界给予的"适当而且足够的营养和条件"，种子里的生命能量就不会被引爆。这是大自然给我们的又一个启示。

孩子的生命恰如一粒种子，蕴藏着无限能量，而且一定会生长，这是生命的真相，这是生命的本质特征，因而我们相信孩子一定会以生命的全部能量去生长。作为父母，你一定发现过，孩子与生俱来就爱学习。天天要父母给讲故事，看到什么都惊奇，会问父母十万个为什么，孩子与生俱来就爱学习的原理就是他天赋的好奇心，是孩子天然自带的学习生长机制。父母应该是孩子的"大自然"，要给孩子提供一片"土地"——厚德载物的土地，提供"适当而且足够的营养和条件"，也就是通过专业系统的学习，成为优秀父母，给孩子正确的教育。只有正确的教育才能引爆孩子生命的小宇宙，让生命茁壮生长。

敏感期及其教育

什么是敏感期？孩子在成长过程中，在某一个时期里对某一方面的信息特别敏感，相对于其他时期，表现出更高的学习兴趣，而且非常容易学会，这个时期就称为敏感期，这是不以人的意志为转移的生命规律之一。许多心理学家如弗洛伊德、埃里克森都有相关的理论。埃里克森认为，正常人的一生一共可以分为8个发展阶段。在每个阶段，人都面临着一个特定的核心问题。如果顺利克服，人就能形成相应的积极的人格特质；否则，就会产生相应的消极或不健全的人格。可见，敏感期是大自然"昭示的"、被人类发现了的教育契机，是最重要的教育契机，是对父母的指引，抓住敏感期，做对教育事，孩子成长就会高效、卓越。

三岁看大，七岁知老。孩子成人前有哪些重要的敏感期呢？

1. 口手敏感期（0-1岁）

什么东西孩子都要用手去抓，然后放进嘴里。把糖放进嘴里，他感受到甜，很舒服；把辣椒放进嘴里，他感受到辣，虽然不能说出来感受，但知道他非常不舒服，甚至哭了。吃了糖很舒服，他下次还想要吃甜的东西；吃了辣椒，很难受，以后他就不再碰辣椒了。当手里抓不到东西的时候，我们会看到孩子经常会把手放进嘴里，一直滋滋地吸吮着，似乎是很有滋味。

孩子最初认知这个世界不是靠理性，而是靠体验和感觉开始的，因为他的理性还没有通过教育得到很好的开发和提升。

口手敏感期培养以下两点。

第一，有意识地陪伴孩子训练他的口和手的功能，让孩子通过口和手的运用和眼睛的配合，接触不同的颜色、不同形状、不同大小、不同质感、不同味道的东西，给孩子刺激，促使脑神经系统快速发育。

第二，通过做家务训练孩子手腿眼心脑协调配合。"七滚八爬"，当孩子长到八个月左右的时候，他就可以"搬运"东西了，父母做示范，孩子就会有模有样地学起来，而且非常快乐。

2. 规则意识敏感期（2-3岁）

生命生长规律告诉我们，孩子到了三岁，应该做性别教育了。孩子在家该和妈妈分床了，剪断"精神脐带"，培养孩子独立性；孩子在外，特别是去公共场所，一定要男女有别，培养孩子社会适应性。这是规律，这是社会规则。在此，我还要提醒父母们，不要抱着侥幸心理教育孩子，树大不会自然直，罗马也不是几天就能建成的，一定要敬畏规律、遵循规律，在两三岁的时候，把孩子的规则意识建立起来，为人生奠基。

孩子对规则是乐于接受的。父母答应孩子一件事情，如果没有兑现，孩子就会说"大人说话不算数"，这正是孩子对规则的呼唤，必须顺应天性做教育。

规则意识培养以下几点。

第一，要建立家规。就礼貌礼仪、生活起居、承担家务、锻炼身体、认真学习等方面内容，通过家庭会议，把家规确定下来，并明确奖惩，奖励主要以精神嘉许为主；建立家规要遵循平等、利他、先易后难、不断补充、互相监督、适时激励等原则。

第二，父母一定要做好榜样。孩子不仅听父母怎么说，他更看父母怎么做，父母的行为影响力比语言影响力大100倍，马克思在《哥达纲领批判》中写道："一个实际行动，胜过一打纲领。"所以，父母必须率先垂范，必须讲诚信。

第三，严格执行。规则一旦确定下来，必须照章办事，不执行规则不如不建规则，因为有规则而不执行，就等于教孩子不守规则，可以做规则的破坏者。

第四，多给孩子讲社会规则，并多带孩子进入人际圈子。学校上学的规则，商场购物的规则，饭店就餐的规则，电影院看电影的规则，过马路的规则，同学或校外小朋友的圈子中和各种人交往的规则……通过对这些社会规则的了解和熟悉，提升孩子的文明素养，帮助他们更好地融入社会。

3. 语言敏感期（2-4岁）

一般的孩子一岁半就进入了语言敏感期，发育晚一些的孩子，两岁半也会进入语言敏感期，表现就是孩子变成了"话痨"，特别爱说话。学习语言对于成年人来说都不是一件容易的事，但是，对于小孩子，学什么语言都是母语，很容易。同样大小的孩子，父母是中国人，说汉语，孩子就能学会汉语；父母是英国人，说英语，孩子就能学会英语。生命就是这么奇妙！有无限能量，有无限可能。

语言敏感期培养以下几点。

第一，孕教时做好听觉语言开发。孩子的语言发展，是从"听"开始的，"听、说、读、写"是每个孩子语言发展的顺序。在孕教时期里，虽然孩子只是一个胎儿，但是他有听觉，父母应该重视孩子听觉语言的开

发，让他们听孕教音乐、听歌曲、听爸妈讲故事。

第二，听觉语言和视觉语言一起开发，并指读绘本识字。孩子出生了，他开始有了视觉，除了要听，他还要看，所以，听觉语言和视觉语言要一起开发，听音乐、听儿歌、听故事、看图画、看实物（物品或动植物），父母要选讲好绘本，指读教识字，为孩子未来能够独立"摄取"打基础。中国文字是图画，孩子在听讲绘本，或是闪卡训练时，自然而然地认识了更多的字。在听看过程中和孩子交流思想和情感，重复地听和看，孩子就会把感受和记忆的内容"加工"成他自己的内部语言，突然有一天，他就会张口说出来，这便是看图说话、看物说话。

第三，培养孩子说句子。一岁半左右，孩子开始进入语言敏感期，他要把内部已经"储存"的信息及其联想所"创造"的内容"吐"出来，同时，还要吸收更多新的信息和感受（这再一次证明了孩子爱学习是天赋！），这就指引（或者说是孩子无言地要求）父母要把利用绘本讲故事做得非常专业，并且父母还要通过"指图发问""指物发问"，引导孩子从一个短句子到几个短句子、从一个长句子到几个长句子来表达；孩子到了两三岁，已然成为了标准的"话痨"，随着生理发展，孩子能做很多动作，行、走、坐、卧、攀、爬、跑、跳、抛物、要东西，他听、看、体验的事情越来越多，能说能做的事情越来越多，"视野打开了"，有"小思想"了，他可以表达的内容就越来越多，语言发展进入"高速路"。

第四，高质量陪伴，给孩子提供更高水准的"养料"。孩子会用问的方式，"请求"父母"供养"，他能问父母"十万个为什么"，如果"养料"输送不上去，就耽误孩子生长；同时，孩子认字越来越多，从单一地听父母讲，到听讲过程中和父母有少许交流，从指读识字到自己看绘本，再到跟父母"互相倾诉",交流越来越多。3岁的孩子是可以"自创"故事讲给父母听的,父母要会正面评价,即时给予肯定、赞美,这会激励孩子更爱听书、更爱识字、更爱阅读、更爱讲故事。进入幼儿园,孩子有了"社会",有了更广泛的交流,和不同的孩子玩耍、互动,孩子语言发展增加了一个重要的外部条件——新环境、新人群,从这时到上学以至整个小学阶段,父母要陪伴孩子读更多的书、见识更多的事物(游历)、做更多的实践(如劳动)。

第五,为"讲"创设舞台。给孩子创设表达的舞台、把孩子的所见所闻所感"扬"出去,是激发孩子更爱学习的最佳方法,如演讲比赛、辩论比赛、知识比赛等等。要运用多元评价体系来评价孩子,让所有孩子都能获得成就感。

孩子离开幼儿园的时候,识字量已经可以达到600~800字。上小学前识字多、阅读多,理解能力就强,上学读题能读懂。很多一二年级的孩子做错题,不是因为他不会,而是他没读懂题。在孩子小学毕业以前,如果抓住语言敏感期这个教育契机做对教育,孩子养成了"爱听——爱讲——爱读——爱做"的好习惯,他就会越来越优秀。而且,到了小学高年级,孩子写小作文就特别轻松。

依道而行,培养孩子就能"四两拨千斤"。父母会感受到生养、教育以及陪伴孩子生命成长的旅程是多么的快乐和幸福!并且对孩子的人生未来满怀憧憬!

4. 人际关系敏感期(4-6岁)

人际关系环境,是一个人社会化发展的必须媒介。在成年人的世界里,人际关系就是生产力。孩子对人际关系的需求是天性。所有小孩子都爱玩水，一群孩子一起打水仗，他们会无比快乐，水是使他们融合在一起的媒介；一个孩子不爱玩雪，但看到一群孩子都在玩雪，他也会快乐地融入其中，他不是先喜欢玩雪，而是因为先喜欢人际关系环境，所以喜欢了雪，雪是把孩子们连接起来的媒介；一个班的同学都爱学习，新来的同学就会很快也爱上学习，因为学习使他们凝聚成一个快乐的班级……而在人的一生里，人际关系能力的奠基就是在四到六岁的人际关系敏感期完成的。

人际关系敏感期培养以下几点。

第一，在家庭中赋予孩子平等地位，让孩子有"重要一员"的感觉，他就会非常乐于参与家庭事务，思考、表达就得到了发展。

第二，学传统经典文化，如《论语》《弟子规》等，让孩子开始接受圣贤思想的熏陶，这是生根的教育。

第三，多做人际关系实践，如帮助孩子建立人际"圈子"，环境的作用最大，人都是环境的产物，小孩子经常在一起交流、碰撞，使孩子在关系中自己找到最舒服的位置，同时，引导孩子奉献自己、帮助别人，并及时给予积极评价，让孩子感受到付出的美好。

第四，培养孩子"多元体验""多才多艺"以及表达能力（参见语言敏感期），孩子体验的事情越多，孩子的知识储备越多，能讲出来的内容越多，影响力就越大，甚至成为别人的榜样，这种成就感又会激励孩子继续努力学习，良性循环让孩子乐在其中。

第五，多带孩子"开阔视野""游历见世面"，主流文化研学地如井冈山、延安、曲阜等地，是我们孩子今生一定要多去的地方，在游历中学，在情景中教，父母讲得专业，游历中又注重和孩子多做些讨论，圣贤们"谨而信，泛爱众，而亲仁"等思想就会滋养到孩子，逐渐地形成孩子的人际关系准则。

5. 阅读习惯敏感期（4.5–5.5岁）

如果在阅读习惯敏感期里，父母能做好榜样，并且帮孩子挑选高营养的好书读，同时父母和孩子一起同学共修，给孩子做好正向引导，把阅读习惯养成，孩子的教育就基本完成了。

阅读习惯敏感期培养以下几点。

第一，选好书。主流文化的书（绘本、漫画）、国内外经典儿童读物、孩子感兴趣的书。

第二，营造一个读书的环境。孩子的房间既是居室，又是学习室，还兼做"书房"，安静、遮光、有书柜、有书桌、有台灯，使孩子的身体和精神放松、愉悦。

第三，父母导读。激起孩子读书兴趣，同时，父母和孩子同读一本书，随时进行交流，在交流中进行引导。

第四，用讲带动写。费曼学习法告诉我们：教是最好的学习方法，所以要引导孩子为了讲出去、教别人而写读书大纲、把所读的内容内化、深化，这既训练了逻辑，又锻炼了口才，如果一个孩子从小这样模拟五部名著，就很可能会成为小作家。

第五，为孩子创设"读书分享会""读书演讲会""读书报告会"。把所读所感所想付之于行动，"扬"出去，孩子们的感想互相碰撞的过程就是互相激发的过程，每个孩子把自己未来的行动想法公开讲出来，就是在做"公众承诺"，大大提高孩子自觉执行直到执行出结果的可能性，父母们只要欣赏并给予即时肯定和激励就够了。

6. 文化敏感期（6-9岁）

六到九岁期间的孩子，探究万物奥秘的需求十分强烈。这时期的孩子，心田像是一片沃土，特别渴望接受大量的、美好的文化播种。生理上，因为长身体的需要，孩子对食物的需求越来越大；心理上，因为一定要生长，孩子对"精神食粮"的需求越来越多，而且对"精神食粮"品质的要求越来越高。所以，文化敏感期是对孩子进行生根教育的关键时期。

文化敏感期培养以下几点。

第一，营造书香家庭氛围熏陶孩子。有条件的家庭要布置一个公共书房，没条件设立公共书房的家庭，可在父母的房间或厅里设立"书角落"，主流文化的书必不可少。要有几部中华经典，如《论语》《大学》《中庸》《孟子》《道德经》等，还要有几部红色文化的书，如《毛泽东诗词》《红星照耀中国》《苦难辉煌》等，这样全家人能常常聊聊主流文化和历史。

第二，父母和孩子同学共修主流文化，并将其付诸人生实践去体验。比如和孩子一起学《论语》，体悟"吾日三省吾身""不迁怒，不贰过"，在理解了含义之后，可以确定一个全家人共同的实训题目——在每周的家庭会议上，找到自己这一周里最大的两个收获，其中一定还要包括遇到的问题或对不足的自省，总结经验和教训，这样坚持半年，父母就会发现孩子分析问题、解决问题的能力越来越强，自身修养和自我要求越来越高。

第三，带孩子或支持孩子多参加一些文化研学活动。"五大"主流文化研学地韶山、井冈山、延安、北大、曲阜，是孩子及父母最应该去的地方，除了参加研学，还可以带孩子参观各种文化展，不断地扩展孩子文化视野，增加孩子的文化素养。

第四，为孩子创设文化交流平台。让更多在主流文化中接受熏陶的孩子，进行交流、切磋，使孩子们互相滋养，相得益彰。

第五，让孩子教别人学主流文化。或父母做学生，或无偿地教亲朋好友的孩子，或在家录制学主流文化的小视频，在朋友圈或新媒体平台发布，把孩子讲出来的东西"扬"出去，会获得很多的"赞"，孩子会非常享受那份成就感。

第六，带孩子或支持孩子做社会公益。这是孩子学习主流文化的实训，通过做社会公益，让孩子体会"己欲立而立人，己欲达而达人"（《论语·雍也》）、"先天下之忧而忧，后天下之乐而乐"（范仲淹《岳阳楼记》）的美好，潜移默化、循序渐进，孩子就会萌生出家国情怀、天下之志，胸有壮志，就会自动自发。

第七，向"东西会通"的方向扩展。从学习民族的主流文化开始，有了"根"以后，孩子应该慢慢地学习一些西方主流文化的东西，文化敏感期与艺术敏感期大部分是交集，所以应该学一点西方艺术，通过一个建筑、一幅名画，讲一段西方兴衰历史。大家都知道一幅画叫《蒙娜丽莎》，是达·芬奇的代表作，达·芬奇是怎样的一个人？他对历史有什么贡献？那段历史对中华文明及中华未来有什么启示？通过向"东西会通"方向的扩展，父母再能引导到位，孩子不仅能开阔视野，文化自信及民族自豪感也会确立起来。

心理营养

什么叫心理营养？就是指孩子生命生长过程中获得美好心理感受所需要的精神养分。吃均衡的食物，长健康的身体；"吃"充分的心理营养，"长"美好的心灵。充分的、美好的心理营养是孩子一生幸福的基石。遗憾的是，今天大部分孩子心理营养都严重缺失。

1. 无条件接纳（0–3个月）

孩子刚刚出生不久，非常脆弱，虽然不会说话，但有感觉、有感受，孩子最初就是靠感觉来认知世界的。对于这个阶段的孩子，妈妈的作用非常大。美国心理学家哈洛有一个著名的恒河猴实验，实验者只给新生的婴猴提供了两个"假妈妈"，一个是挂着奶瓶的"铁丝妈妈"，一个是没有奶瓶的"绒布妈妈"。实验发现，婴猴只有在喝奶的时候才会去找"铁丝妈妈"，剩下的时间都待在温暖柔软的"绒布妈妈"身边，依偎、拥抱着它。同为灵长类动物，人类婴儿又何尝不是如此？母子虽然生理脐带断了，但精神"脐带"仍紧紧相连。孩子对妈妈的状态很敏感，妈妈的体温、妈妈的气味、妈妈的喜怒等等，孩子都能感觉到。但无论如何这是一个理性未开的婴儿，无论是哭、闹、便、尿，父母必须无条件地接纳。这是这个生命的需要，尽管你不知道他长大后会不会听话、会不会顶嘴、会不会不好好学习、会不会惹你气、跟你吵、让你焦虑、让你恼……父母都要心甘情愿地无条件接纳刚刚出生的孩子。

2. "最重要"（0–3个月）

孩子需要感受到在父母的生命中他们是最重要的。不管妈妈累不累、病没病、舒服不舒服，只要我饿了、尿了，你都会立刻放下你自己的不适来照顾我，这种心理需求是天然的。妈妈在生产后，体内会分泌大量荷尔蒙，导致奶水"丰盛"，同时母体还不断分泌本体胺，让妈妈感觉到为孩子供给一切都特别享受。如果这个时期，妈妈情绪不好，或者夫妻吵架，孩子"重要他人"感觉就大大降低，在孩子成长的过程中，父母在孩子心里的地位和影响，非常可能被有重要影响力的他人所替代，而形成"异化"人格，"重要他人"对孩子人格形成起决定性作用，这就是大部分孩子都和父母很像的原因。

3. 安全感（4个月–3岁）

下雨打雷，孩子会扑进妈妈的怀里，一遇到危险，孩子就会喊妈妈，妈妈走路走得快，孩子就趔趔趄趄地拽住妈妈的手……这是孩子心理对安全感的需求。妈妈要保持情绪稳定，夫妻要保证关系和谐，这是孩子安全感最基本的家庭环境来源。带孩子去外面熟悉事务、环境和人，并告诉孩子怎么做和外界连接是安全的，在家中用电用火如何保证不受伤害，这些都是父母该做好的安全感教育。四五岁的孩子还拉着妈妈的衣角，十岁的孩子还不敢过马路，都是缺少安全感满足。究其原因，无非是父母的夫妻关系不好、三四岁以前父母一方或双方长期不在孩子身边陪伴等。安全感"吸收"得越多，孩子独立得就越早。

4. 肯定、赞美、认同（4–5岁）

孩子发育到四五岁，进入了生命过程中的第一个独立期，开始有了"我"这个意识。别人想进他的房间，他会说"这是我的房间"，妈妈想拿他的玩具给别的小朋友玩，他会说"这是我的玩具"……这是在"宣示主权"，他是"主人"，等于告诉父母或他人："没有我同意，不许……""必须经过我同意"。对这个时期的孩子，父母必须承认他的"地位"。满足他的心理需求的方法就是不断地给予肯定、赞美、认同，尤其是父亲的肯定更重要，因为父亲身上更有阳刚之气。

此外，还要给孩子家庭"重要一员"感觉，经常说"我喜欢你""你的想法非常好""你非常棒，是妈妈的好孩子"等语言，绝不可以无视孩子。父母今天无视孩子，孩子未来就无视父母。

5. 学习、认知、模仿（6–7岁）

这个阶段，孩子脑电波发生了第一次飞跃，智力急速成长，脑重量大约能够达到成年人90%左右，又恰是学龄，这时期孩子特别需要的心理营养就是学习、认知、模仿。学习文化知识，体验人际关系，模仿心中榜样，孩子由于这样的心理需求满足，会快速地生长。注意，孩子第一个学习、模仿的榜样就是父母，因而父母必须不断学习，提高修养，做好榜样；其次是老师，老师要端正负责、爱护学生、循循善诱，孩子就尊师重教。注意，除学科、才艺以外的内容，父母和孩子同学共修，是帮助孩子高效成长的重要策略。

6. 尊重、信任、自由选择（7–12岁）

随着学龄年级升高，孩子进入了第二个独立期，有了自己的思想，知识积累越来越多；乐于社交，非常愿意交往，对朋友忠诚；在学习、生活里，有了很多体验，积累了很多实践经验，且保持着旺盛的探索精神，认为自己"特别行"，于是"主人"感很强烈，这个时期最需要的心理营养是尊重、信任、自由选择。父母如果简单粗暴地替孩子做主、下命令，孩子会非常不开心，一定会产生对抗，沟通障碍、叛逆的风险也会随之而来。例如，每天吃完晚饭后，都是孩子去洗碗，某天吃完晚饭，正当孩子站起来要去洗碗的前一秒，妈妈说"快去洗碗吧，洗完碗好学习"，孩子感受会非常不好，一个人主动做一件事情，和被命令、被驱使去做，所获得的成就感天壤之别。孩子对某一科老师看法上出现偏差，父母不可以直接告诉孩子怎么做，而可以跟孩子分享自己的分析，也可以跟孩子分享自己或他人的类似人生经历，引导孩子找到几个方案，然后对孩子说"你决定怎么办？"当听到孩子处理这个事情的结果后，父母说"你真棒，比我预料得更好"，孩子会非常开心。

7. 独立性（12-15岁）

孩子进入了青春期。所谓青春期，是指孩子从幼稚期向成熟期的过渡，是生命成长历程中荷尔蒙推动的一段"重要里程"；这个时期里，脑电波发生第二次飞跃，智力又一次急速成长，脑重量几乎和成年人一样了。青春期的孩子有哪些特征呢？第一，彻底的独立。四到五岁是孩子第一个独立期，八九岁是第二个独立期，12岁以后是第三个独立期，这一次孩子要坚决彻底地独立自主；第二，追求与众不同。他们对奇装异服感兴趣，对发型色彩有兴趣，目的就是要引起他人的注意，并向他人宣示"我就是我"；第三，愿意结交好友。社交是这个时期孩子的一个重要需求，"挣脱"父母的同时，要投进人际圈子；第四，片面性。知识和经验毕竟有限，因此看问题易片面，做事情易冲动；第五，易变性。翻云覆雨，变化无常，躁动不安，这周跟A同学好，下周就"分道扬镳"了；第六，对异性有"探索"欲。上课常因观察异性而溜号，下课怯怯地想和异性接触，心怦怦地跳，脸会变红，头会低下；第七，特别需要"支援"。孩子最希望支援他的人就是父母，但又想"挣脱"父母，很是矛盾，父母常说爱他，如果到了人生"关键"的时候，父母支援不上去，孩子就会非常失望，这个时候父母要是再出来阻止对异性的探索，孩子就会因"爱"生"恨"，关上沟通的心门，抑或产生对抗。

　　无论怎么样，孩子就是要独立，立住立不住都要立。这是孩子最重要的心理营养。满足孩子这个心理需要，对父母提出了最"严酷"的挑战，如果父母不专业，不懂孩子生命特征，不懂科学教育规律，不精通高级沟通技术，"拍着脑袋"做教育，收获的肯定是恶果。现在，80%的中学生都有叛逆行为，根源就在这里。学习改变命运，教育成就未来。这要求父母能够悦纳孩子现状，应用同理心技术和孩子沟通，在学科之外，增加和孩子在一起的共同经历，通过和孩子同学共修一门主流文化课程或一同参加一次主流文化游历，分享所见世面、历史文化、榜样精神，在促进亲子关系和谐的同时，无为地培养孩子树立远大理想以及建立高级逻辑思维能力，孩子心智就会早些成熟，"三观"就能早些确立。

　　敏感期是最重要的教育契机，心理营养是最好的精神"食谱"，这两大规律都是"上天"给父母的指引。"时机"告诉父母了，"食谱"告诉父母了，接下来就考验父母的"厨艺"了——教育思想和教育技能。从小到大，如果一个孩子得到过足够的心理营养，他会长成最好的自己——因被爱得富足而有博爱的能力、因信任和尊重而能独立自主、因被引领被支持而能让将人际关系处理得圆融得当、因远大理想和顽强斗志而获得巨大成就和荣誉，活得自信，活出精彩。

第四章
Chapter 4

"道法自然"做优秀父母

让孩子成长的最大策略是给予正确教育,让自己幸福的最好方法是培育优秀后代。

天下父母都有"望子成龙""望女成凤"的伟大梦想，那么，如何做一个会做教育的优秀父母？想要用正确的教育来"引爆"孩子生命这个小宇宙、使他生出"万有"，父母必须努力学习改变，成为"教育家"。

　　怎么做一个优秀的父母，一百个教育家，就有一百零一种说法，父母到底应该教育孩子什么？需要具备什么样的素养和能力？本章我将基于《道德经》"道法自然"的哲学思想和大家一起来探讨教育的道与法。

树理论

图4-1 树

"人法地,地法天,天法道,道法自然"。大自然早已经用一棵树的"相",告诉了我们如何做优秀父母,育人如树木。大自然怎么哺育树成材的,父母就应该怎么育人。让我们一起来探讨天地造物主是怎样把一粒种子养育成参天之木的。

土地"厚德载物",万物皆能生长,而且能长成最好的自己。把一粒树种放进土地里,经过一定时间的润化后,发生一系列神奇的变化,破壳——生根——发芽破土——长茎成干——开枝散叶——开花结果(新种子)——岁月更迭,树长成栋梁之材。一棵树成材的生长过程,便是孩子的教育过程,教育逻辑、教育内容、教育结果都昭然若揭,赫赫在目。我命名为树理论,教家长成为专业教育家。

1. 万物生长先生根,培养孩子先教做人,这是孩子成长的动力源

种子落进土地里,经过润化,它最早破壳而出的部分叫作根,而且根方向感特别强,它一定向下扎,去吸收更多的营养,为生命向上生长提供营养和动力。育人如树木,孩子的教育首先是父母要为孩子这个生命提供一片"土地"——科学的营养基,因为土地"厚德载物",土地的特征是营养好、品种全、营养量丰富,我们父母就要给孩子提供这样的"营养基",润化到一定时刻,孩子的生命就会"破壳、生根"。这个如土地一样的"营养基",营养好、品种全、营养量充足,我命名为"全素质教育",文史科哲、古今中外、音体美舞、数理化生、琴棋书画、四方游历、多元探索、体验实践。在全素质教育中,最重要的是"生根"教育。"生根"教育最好的"养料"一定是主流文化——"红色文化"和"经典文化",孩子理性、情感、意志,不经过主流文化的洗礼,"根"就不可能扎下去,人没有"根",就一定随波逐流。孩子天生就爱学习,全素质教育过程中，我们一定会发现孩子最感兴趣的方面，沿着兴趣方向，扩开视野，塑造美好、讲榜样故事、画人生蓝图，并持续激发，孩子逻辑思维就会快速提升，理想就会树立起来。

通过以上分析推理，我们应该明白，"生根"就是做人的教育，就是培养孩子的道德、责任、理想、信念；"生根"最好的养料是主流文化，"培根铸魂，启智润心"。"君子务本，本立而道生"。孩子有了家国情怀、远大志向，就会爆发出强大的内驱力，爱学习、拿高分、上名校是自然而然的事，是"无为而治""道生之"。

2. 树要长的高大，根一定是扎的深、扎的宽，而且终生都在扎根

对孩子的做人教育要深厚、要持久，不可以停止，该"止于至善"。如果根扎得肤浅，树就不会长高，因为它吸收不到大地深处的高营养，风一吹就倒掉了，就像墙头芦苇，支撑一棵树不断向上长高的是一个越来越"庞大"的根系。如何让一个人立得住？就是"培根固本"的教育不能松懈。"家庭是人生第一所学校，父母是孩子第一任老师"，父母要以身作则，培养孩子的道德、责任、梦想、信念，不是几年之功，是父母一辈子的教育任务，要做深做久，要深入骨髓，要内化成"精气神"。社会的诱惑太多了，也太大了！父母要帮助孩子把握住人生。做学问，就一心向学；做官，要一心为民；"不忘初心，方得始终"。

3. 树一定会向上生长，孩子与生俱来是上进的，有高自尊取向

我们能看到的树，不管经历什么狂风暴雨、电击雷轰，它一定要在困境中努力向上生长，不可遏制。一天两天我们看不到它长高，但是两年三年过去，我们一定能发现它长高了一大截；"百年树木"，历经百年沧桑，我们会看到一棵栋梁之材。和树生长一样，孩子对自尊满足的要求越

来越高，这提示父母，教育孩子一方面不能伤到孩子的自尊心，另一方面还要不断地帮助他获得更大的成就感。树被砍了，就会停止生长，且要花费很多自身能量"自愈"，但即使"自愈"了，也一定会留下"疤"。孩子也一样，父母的教育一旦伤到了孩子的自尊心，他会停止进步来进行自我修复，即使"疗愈"得好，心里也会留下伤疤。如何在保护好孩子自尊心的前提下做好教育，是做优秀父母的必修课。

4. **枝靠柔性保护叶子和果，教育孩子一定要培养高情商**

无根不生干，无干不生枝，无枝不生叶和果。无论风吹雨打，枝总是靠柔性"顺势"而活，适应树生长的外部环境。枝的柔性对应人的教育，就是社会适应能力、人际关系能力，也叫作高情商，人要有弹性，即忍让、包容、迂回、圆融的能力。"天下莫柔弱于水，而攻坚强者莫之能胜"。"弱之胜强，柔之胜刚"。情商理论告诉我们一个成功公式：成功=20%智商+80%情商，智商是成功的基础，情商是成功的关键。

5. **叶子吸收二氧化碳，释放出来氧气，这教育孩子要培养奉献精神**

"天之道，利而不害"，"上善若水"，"善利万物而不争"，这境界多美好！叶子做到了。在光合作用下，叶子吸收二氧化碳，呼出来氧气，造福于人；人际关系里，也需要像叶子一样的人，承担责任，奉献自己，乐于助人，还不争荣誉得失，谁不喜欢啊！如果一个团队里，有奉献精神的人多，这个团队就和谐，少出麻烦，人在其中就快乐多些。

6. **根深果一定好，家庭教育的"着眼点""发力点"一定在"生根"上**

根深，干就壮，干壮就枝繁叶茂，硕果累累。"根深"和"果好"正是因果逻辑。根据这个哲学原理，教育孩子抓分数就抓错了，而是应该抓拿高分的那个因——学习动力、意志品质。如果孩子有,那他什么困难都可以战胜,什么书都能读好。如果家庭教育从小培养孩子道德、责任、梦想、信念,孩子未来一定会爱学习、拿高分、上名校、早成功。

7. 树是在大自然环境下长成栋梁之材的,父母要给孩子营造自然生长环境

树长成栋梁之材必生于荒山野岭,要经历百年的风霜雪雨、酷暑严寒,温室里永远都长不出来栋梁之材。培养孩子要让他融入社会里,要经历各种磨难。如做家务、攻克学习困难、做竞技运动、体验困苦生活、参加生存挑战、参加意志力训练等,溺爱下的孩子和成才毫无关系。现在孩子的意志力品质都急需磨炼提升。遇到困难就逃避,遇到挫折就放弃,让父母训斥一顿、让老师罚站一节课,都会厌学、辍学、跳楼自杀……"宝剑锋从磨砺出,梅花香自苦寒来""不经历风雨怎么见彩虹?"

8. 拔苗助长苗一定死,培养孩子要遵循规律,不疾不徐

树从小苗到长成参天大树,需要历经百年,如果园丁觉得树长得太慢,人为地向上拔一拔,苗一定会死掉。教育规律、生命规律不可违。培养孩子不能急也不能慢。社会很躁,父母很急,总想看到孩子"超越式"成长,忽视孩子多元探索,就是抓分数,所以大量补课、超前学,这都是拔苗助长。无数事实证明,所有急呼呼地跟孩子要成果的家庭教育,都存在着"无限"危机,几乎都以付出孩子身体健康、毁掉亲子关系、破坏亲密关系以及孩子未来的巨大代价而失败告终。

综上,我们可以总结出培养孩子的逻辑。

除了科学孕教之外,要全素质教育"润化"——敏感期做"重点开

发"——发现兴趣并同时做"生根教育"——系统规划、科学引领、持续激发、培养意志力品质。

综上我们可以总结出优秀父母的素养和能力。

在懂得教育逻辑的前提下，第一，懂生命规律；第二，懂教育规律；第三，有主流文化积淀，这是给孩子生根的最高级养料；第四，和孩子做"学伴"，一起学习动力课；第五，支持孩子进入生根的社会教育，多元尝试、多元探索；第六，和孩子在家庭中学以致用，落到践行上；第七，精通高效沟通技术，会倾听，说对话，沟通力就是教育力；第八，给孩子做好榜样，身教永远胜于言教。

大道至简，唯有父母好好学习，孩子才能茁壮成长。

教练型家长

我们惊喜地发现，在中华文化的汉字文化中，揭示了家庭教育系统论。

1. "教"=孝+子，告诉我们家庭教育的主要职责是以孝文化为核心的做人教育。孝父母、爱他人，讲习优秀中华传统经典；为民族、为国家，讲习传承红色文化。

2. "练"字揭示了家庭教育的主要学习方式，那就是父母带着孩子反反复复、日久天长地坚持实践，做，才可能成为。孩子从不做家务，他怎么会知道妈妈辛苦？不知道妈妈辛苦，他哪里会有感恩之心？

教练型家长的5种角色

1. 伙伴

在同一时间、同一地点和孩子做着同一件事,这叫伙伴。在上一章我们讲到人际关系敏感期,孩子与生俱来就需要"关系",这给了父母施教的大好机会。孩子在自己玩玩具,妈妈在擦地,虽然同处一室,不叫陪伴;妈妈和孩子一起做游戏,但没有引导、没有激励,这不叫高质量陪伴。陪伴孩子的过程,非常有利于培养亲子感情、提供帮助、建立信赖、实施引导、适时激励,让孩子越来越自信。

2. 朋友

很多人爱炫耀自己朋友很多,究其实,大都是酒肉朋友。"友直,友谅,友多闻"者少,"友便辟,友善柔,友便佞"者多,"以文会友,以友辅仁"少之又少,大都唯利是图。教练型家长朋友角色的功能主要是帮助孩子,特别是有难同当。孩子在学校被老师批评了,父母若站在老师那边,就成了孩子的对立面,还会让孩子更恨老师,父母就成了拉仇恨的人;若父母站在家庭教育主体的立场,承担孩子教育失职之责,老师会更尊重这样的父母;同时,让孩子觉得父母特别"够意思",为他分担责任。感受到了爱,孩子一定会为爱而努力!对自己所犯的错误改起来会更快更好!

3. 老师

老师是终身学习者，身教言传者。父母是对孩子施教最早、影响最大、相伴最久的人，孩子不仅听其言，更观其行，而且一定会模仿，所谓身教胜言传。

4. 领导

领导是规则制定者，是执行规则的管理者，施行管理的主要方式是影响力和职业权力，父母教育孩子主要靠影响力。父母影响力不是要求来的，是父母的思想、言行令孩子佩服才获得的。父母文化素养怎么样？沟通能力如何？职业成就是否突出？特别是德行高不高尚？都深刻地影响着孩子，潜移默化，润物无声。教练型家长领导角色的主要功能是奖励、批评、评价，一般是在严格执行家规时或是道德方面出问题时才使用。

5. 长辈

教练型家长长辈角色的主要功能是教孩子爱父母，通过示弱，把更多责任交还给孩子，然后去激励他的成就。我们中国父母界限不清，经常把晚辈当"祖宗""太阳"，而在学习方面，又常做"命令者""批评者"，常常摆布孩子，有时还跟孩子"哭穷"，希望博得孩子同情。

马斯洛的需求层次结构认为，人类的需求可以分为几个层次，分别为：生理的需要、安全的需要、归属和爱的需要、尊重的需要、认知的需要、审美的需要、自我实现的需要。家长扮演这六种角色，本质上就是在满足孩子的前几种需要，让孩子心理健康、人格健全；同时也在激励孩子建立理想信念，从而努力满足自我实现的最高需求。

教练型家长的12项教育原则

树理论阐释了教育之道，本段我们根据教育之道来研讨教育之法。

1. 德先原则

要把道德教育作为家庭教育的第一要务。所谓"道"指规律，是真理；德是依道而行，故称为德行。道德是指调整一切关系和行为的准则和规范。道德教育作为家庭教育的第一要务的必要性和科学性。在现实教育实践中，培养孩子尊亲、尊师、负责、爱人、奉献、诚信等品质就是贯彻德先原则。

2. 平等与尊重原则

人与生俱来有高自尊需求，希望在一切关系里，被平等对待，且"暗藏"着"重要人物感觉"的需要。给予孩子平等地位，有利于提升孩子独立、担责以及分析问题、解决问题的能力。赋予孩子平等地位的几个做法：一是叫名字。不要叫小名或"爱称"，暗示"弱小"，要让孩子感觉到自己是重要一员；二是承担家庭责任。如建家规、做家务；三是倾听并重视孩子思想表达。在每周的家庭会议上，鼓励和引导孩子积极思考，畅所欲言，并对孩子的表达给予激励；四是请孩子帮助解决问题。父母把职业中的难事，分享给孩子，让孩子帮你分析、出方案。绝不可以轻视孩子，认为他小，什么都不懂，别忘记孩子"无"中藏"万有"。

3. 无为原则

让孩子知道教育目的，教育效果就打折50%以上。所以，永远都不要让孩子知道你的教育目的。《道德经》上讲："圣人处无为之事，行不言之教"。所有掌握了规律的人，顺应规律而为，就能润物无声，"不显山、不露水"。

4. 趣味原则

孩子最初是靠心理"感受"来认知世界的。所以教育要设计得有意思，使孩子在游戏中学，同时，还要通过多种体验实现教育，比如"厨艺"课、"铁艺"课、"话剧表演"课、"劳动教育"课、"训练营"以及各种游历见世面等等，孩子们就是在"做中玩""玩中学"及老师的"做中教"的过程中，悄悄地"长大"了。

5. 团队原则

马克思认为，人是一切社会关系的总和。人是必须生活在人际关系里的一种动物，处在人际关系敏感期的孩子更需要人际关系。让孩子在快乐中相互协作、交流沟通。家庭教育要"补缺"，把体制教育该做但做不了的补充上来，那就是让孩子融入到"分数评价"环境之外的新环境。

6. 约定原则

凡事都要事前谈"合同"并达成共识，才付诸实行。父母不可以想怎么样就怎么样，从规则意识敏感期开始，就应该注重利用家庭会议商讨解决"家务事"，孩子会心甘情愿地去做，并获得来自父母正确的肯定、激励和指引。要本着"事前有约定——事中有提示——事后必总结（兑现）"的约定原则，并在这三个环节上分别注意一个重点："事前有约定"要求必须达成共识，没有共识的事情不要开始；"事中有提示"要求父母注重过程，适时指引、帮助提示，不可以忽视过程，只等结果；"事后必总结"要求不仅根据结果兑现奖惩，更主要的是肯定、赞美、认同以及总结经验和教训，提升孩子逻辑思考能力。

7. 自主原则

谁的问题谁选择，谁选择谁执行、谁执行谁负责。90%的父母都在孩子是否自主这件事情上犯错误，不让孩子做主，而是代替思想，直接下命令，因为这样做教育简单，但这背后却埋下了隐患。父母忽视了孩子生命的奥秘——无限能量、无限可能。只要父母有教育能力，只发挥引导功能就够了。针对任何问题或事件，可以无为地引导孩子360度看问题，分析出几种可能性，提出几种方案，并推导出所有方案的可能性结果，最后确定自己想要什么样的结果而做出选择。

8. 知行合一原则

做，才可能成为。培养孩子，需要父母先行动起来，学到孩子前面，做为孩子的榜样。榜样是具象化的，因而影响力巨大；而孩子自然生命一个重要特征就是模仿，从模仿他人，到成为他人甚至是超越他人，最后到超越自我，人生就到达了一个非凡的高度。

9. 陪伴原则

高质量的陪伴带来高品质的亲子关系，高品质的亲子关系，是实施教育的基础。如果说父母是园丁，你不陪伴幼苗谁来喂养料？小学前的习惯养成阶段、幼小衔接阶段、小升初阶段、青春期阶段等都是孩子成长的关键期，父母应"全程陪伴"；孩子在学校或在家庭犯错误了，也是陪伴的"大好时机"，并且要显示出"有难同当"的"义气"，让孩子感受到他被父母一直关注着、爱着，使孩子内心充满力量，会促进他改正不足、做得更好。

10. 开放原则

当今世界一个重要特征就是"融合"，就是你中有我我中有你，致使人才再无国界。今天中国孩子出国留学已是"家常便饭"，在哪里读书，在哪国发展，自由度大得很，因为各国都在招揽人才。这要求父母有全球化思维，有国际化视野，父母的视野就是孩子的天空，父母站得高，孩子看得远。

11. 宽严相济原则

家庭教育的责任是教做人，做人教育的重点是品德，品德教育的核心是"入则孝，出则悌"，孝悌为德之本。所以，在道德方面要求要严，要有底线意识，不可放纵；对于学习能力方面的问题可以宽，请好老师帮助查缺补漏，训练方法，激发孩子生命内驱力，自动自发爱上学习，主动思考，挑战难题，孩子学习能力就会很快上来。但如果孩子出现道德类问题，第一，父母立刻要作深刻的反省，一定是自身的思想或行为出了问题，而不是先指责孩子甚至惩罚孩子；第二，召开家庭会议，分析问题产生的原因，明确责任者，寻找解决问题的系统方案，绝不是仅仅要求孩子改，更需要家长思想正、行动正；第三，根据孩子的"关键按钮"，就孩子承担责任的"惩罚"措施，通过约定原则，达成协议，开始执行。

12. 激励原则

人都特别看重尊严，因为高自尊满足是人性决定的。有人说"好孩子是夸出来"，虽然这话在逻辑上有问题，但人人都喜欢被赞美、被认可，是人性使然。激励可以让孩子获得高自尊满足，让孩子内心充满力量，使孩子有强大信心向前努力。激励的方法有很多，一是肯定性评价。对孩子的行为多做积极性正面评价，找出优点进行表扬；二是造梦。找到孩子的潜能方向，讲榜样故事，开阔视野，塑造美好；三是目标激励。通过学业规划，提出令人振奋的目标计划体系，让孩子能通过这个规划看到未来；四是信心激励。期望理论告诉我们，当一个人对自己所要完成的工作抱有极大信心的时候，更容易完成这个工作。所以父母要多带孩子体验，多鼓励，多给孩子讲成功的故事，同时，也讲"浪子回头""后进变先进""咸鱼翻身"的故事，提振孩子信心。

教练型家长的8项教育技术

1. 觉察

事前预见或事后发现的能力。父母永远都不知道自己在犯错误，除非他们经过大量的家庭教育实践案例学习、感悟。越早具备觉察能力，孩子教育越有前瞻性，从"亡羊补牢"到"防患于未然"。

2. 聆听

微笑的脸、注视的眼、前倾的身、频点的头、赞叹的声。在孩子愿意跟你说的年龄好好聆听，等到孩子不爱跟你说了，甚至反感跟你说了，就是父母焦虑的开始。

3. 询问

"好沟通是问出来的。"具体地问、开放式地问、正面地问、24小时内问，询问的内容包括同学的朋友是谁？同学的朋友的家庭状况怎样？某科老师为什么受欢迎或不受欢迎？发生了什么快乐或不快乐的事情？做了哪些课外活动等等。

4. 区分

辨别真伪、轻重。父母好好学习，孩子天天向上。如果父母不学习，很难发现孩子成长过程中的思想动态，要和孩子顺畅沟通，及时把握孩子的思想，并尽快区分出哪些是正确的，哪些是不正确的，给孩子及时引导。

5. 引导

找对契机，因势利导。把握教育契机是一门非常专业的教育艺术。当契机出现，父母再用高超的沟通技能，在描述孩子行为、结果后，给予及时的激励和指引。

6. 鼓励

击鼓以振士气就叫鼓励。事前三件事：讲清楚做某事的意义；教方法；擂鼓助威，提振士气。事中三件事：找出优点表扬；提供帮助、校正方法；给予肯定并祝愿。家长教育孩子，要把重点放在过程中。

7. 评价

就是评判、估量价值。评价孩子要描述行为和结果，表达父母的感受，并就不足之处或存在问题之处提出改进建议，孩子非常好接受，能感受到父母给自己"留面子"。所以，可以用评价技术代替批评和表扬，效果很好。

8. 惩罚

惩，本义为戒止，即对正在犯的错误立刻叫停；罚，对所犯的错误进行处理。道德类问题，经三番五次地提醒、指正而不改，且妨碍了他人，这种情况一定应用领导角色，进行惩罚。惩罚可视轻重分为三个等级——口头批评、剥夺权益、体罚（如多做家务、罚做体育运动等）。

父母教育能力测评

表4–1　父母教育能力测评表

项　目	选　项					得分
1. 我总担心孩子出现任何问题。	1	2	3	4	5	
2. 在孩子不听话时,我总忍不住唠叨甚至发脾气。	1	2	3	4	5	
3. 当孩子犯错误时,我经常感到束手无策。	1	2	3	4	5	
4. 孩子在家总是有很多我难以忍受的坏习惯。	1	2	3	4	5	
5. 孩子有情绪时,我和孩子的沟通很少有什么效果。	1	2	3	4	5	
6. 我经常为孩子不好好吃饭而头疼。	1	2	3	4	5	
7. 我觉得孩子玩手机或电脑时间太长。	1	2	3	4	5	
8. 我和孩子关系很好,只有面对孩子做作业或学习时例外。	1	2	3	4	5	
9. 孩子有时说话会伤人,让我很生气。	1	2	3	4	5	
10. 孩子偷偷拿别人家里的东西,我忍不住想揍他一顿。	1	2	3	4	5	
11. 孩子有心事经常不和我说,让我很着急。	1	2	3	4	5	
12. 我总是觉得别人家的孩子更优秀。	1	2	3	4	5	
13. 孩子有喜欢的异性同伴,我会担心孩子的未来。	1	2	3	4	5	
14. 孩子的学习成绩经常不稳定,我担心孩子的未来。	1	2	3	4	5	
15. 如果孩子和同伴冲突或打架,我会找对方孩子家长去理论。	1	2	3	4	5	
16. 我的孩子着急时爱发脾气,之后会半天以上不开心。	1	2	3	4	5	
17. 孩子老和我顶嘴,我觉得管不住他。	1	2	3	4	5	
18. 听到别人夸我的孩子听话、乖巧、懂事,我很开心。	1	2	3	4	5	
19. 孩子房间总是很乱,我怎么说都不行。	1	2	3	4	5	
20. 我有时觉得孩子可能有心理问题,不知道是否应该找心理咨询师。	1	2	3	4	5	
总分						

评分标准：下面描述的是你教育孩子的一些情况，请你根据实际情况选择题后面的数字。1=很不符合、2=不符合、3=尚符合、4=符合、5=非常符合。

结果评估：1. 根据每项得分，计算总分；分数越高，家长教育素质越低，家庭问题越严重；2. 如总分在0~49分，说明家长教育素养较好，继续努力吧。

第五章
Chapter 5

请给孩子全素质教育

每一个孩子都是带着上天密码降临到人世的天使。你是密码专家吗?

同样大小的孩子，读同一个年级，甚至是一个班，所有科目的老师都相同，学的教材一样，老师教的一样，但几年后孩子们之间却出现了非常大的差别。学校教育是相同的，社会教育是相同的，不同的就只是家庭教育。我们可以得出一个结论：是家庭教育导致了孩子们的人生结果的不同。或者说，孩子的生命小宇宙能不能被引爆，取决于家庭是否能给孩子提供了正确的教育。父母必须正确认识这个问题，任何无视或懈怠，都可能带来终生遗憾！

对家庭教育功能的认识和定位

我们都知道，培养人才的标准是德才兼备。在孩子的培养过程中，学校、家庭、社会都承担着做人教育和知识技能培养的功能，但校家社又都有自己偏重的主要教育责任。学校教育、家庭教育、社会教育以及学生自我教育构成了完整的教育系统。无论是哪个领域的教育者，都必须清楚自己的主要教育责任，各司其职，各负其责，有机协同。

父母是孩子的第一任老师"，家庭是"扣好第一粒扣子，迈好第一步台"的地方。父母这个"第一任"老师在家庭里主要要做的教育是"从小教孩子做人，教孩子立志，教孩子创造"，"家庭教育最重要的是品德教育"，做人教育我描述为"道德、责任、理想、信念、情商"即综合精神品质的教育。

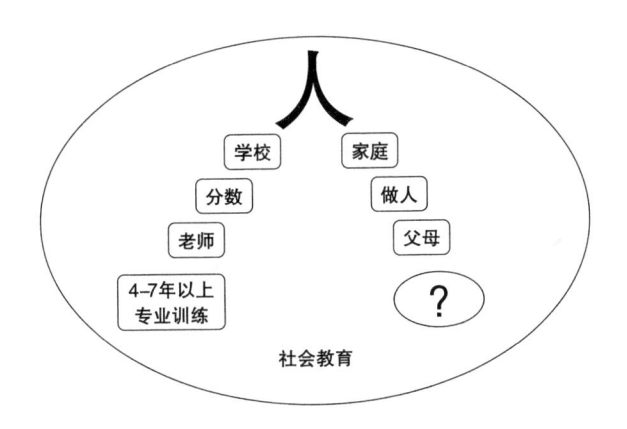

图5-1 人字图

　　上图非常清楚地描述了学校教育和家庭教育的主要功能。大家知道这个"人"字图。"人"能顶天立地，是因为有一撇一捺的有机结合和相互支撑。"撇"是阳，是显性的，是能看到的，代表着以升学为导向的学校的学科教育。每个学生学什么学科？哪位老师教？学生爱不爱学？考试得多少分？排名是多少？都一目了然。"捺"是阴，代表着以成功为导向的家庭的做人教育。孩子有没有奉献精神？有没有责任感？有没有远大志向？有没有挑战精神？有没有高情商？有没有强大意志力？等等。如果家庭教育做得好，"支撑"孩子在学校里自动自发地爱学习、拿高分，自然可以上名校，因为德才兼备，到了社会很快会被重用、获得成就。所以，"一阴一阳之谓道"；阴阳和合，便生万物；凡人所愿，皆有可能。

　　我们说"一撇"代表的是以分数为导向的学校的学科教育，由受过专业训练的老师教知识。"一捺"代表的是以成功为导向的家庭的做人教育，对学校教育起"支撑"作用。家庭教育的老师是父母，父母是孩子的第一任老师，父母这个"第一任"老师教的是做人——道德、责任、理想、信念、情商……

时代急需人才。2019年4月30日，习近平总书记提出了新时代所需人才的标准。以实现中华民族伟大复兴为己任，一是要"树立远大理想"，二是要"热爱伟大祖国"，三是要"担当时代责任"，四是要"勇于砥砺奋斗"，五是要"练就过硬本领"，六是要"锤炼品德修为"。而且"要择天下英才而用之"。总结起来就是六项三十六字标准，这无疑是千家万户培养孩子的教育导向。各位父母，我们必须要以清醒的认知，对照新时代人才标准，认真检讨我们的教育理念、教育能力、教育行为和现在孩子的培养状况，正视问题，找准原因，速求改变，顺势而起，不要让我们的孩子成为时代的"弃儿"。

2021年10月23日，国家出台《中华人民共和国家庭教育促进法》。明确规定家庭教育的主要职责是："家庭教育以立德树人为根本任务，培育和践行社会主义核心价值观，弘扬中华优秀传统文化、革命文化、社会主义先进文化，促进未成年人健康成长。"家庭教育的内涵是："是指父母或者其他监护人为促进未成年人全面健康成长，对其实施的道德品质、身体素质、生活技能、文化修养、行为习惯等方面的培育、引导和影响"。这非常清楚地显示：家庭教育的职责是"育人"，而不是抓学科。

2023年1月13日，教育部等13部门联合印发《关于健全学校家庭社会协同育人机制的意见》，《意见》提出总目标：学校积极主导、家庭主动尽责、社会有效支持的协同育人机制更加完善；到2035年，形成定位清晰、机制健全、联动紧密、科学高效的学校家庭社会协同育人机制。《意见》明确了学校家庭社会在协同育人中的各自职责定位及相互协调机制。"学校要充分发挥协同育人主导作用","家长要切实履行家庭教育主体责任","社会提供有效支持服务全面育人",实现"三元协同育人"。再次强调立德树人的教育,家长要对家庭教育育人负主体责任;学校教育来牵动、主导;社会教育提供服务支持;三者有机配合,实现"三元共育"的育人目标。

生命的润化

图5-2 种子图

种子生长的第一步是在土地里面被"润化",孩子教育的第一步也该是被"润化"。

父母要给孩子提供一个类似土地特征的"培养基"——营养好、营养素全面、每种营养素都丰富、阳光雨露哺育万物皆可生长。其中"阳光、雨露哺育"就是父母正确的爱的施教。让孩子的生命在这样一个教育"培养基"里"润化"，我定义这个教育营养基为"全素质教育"——给孩子的自然生命提供全面的、丰富的好营养，并且发现和帮助孩子成为最好的自己。孩子从小就开始多元尝试、多元探索、多元体验。古今中外、文史科哲、天文地理、数理化生、音体美舞、琴棋书画、自然探索、游历见世面、社会实践和体验训练等等，从而发现什么是孩子最喜欢的、什么是孩子神经系统高效吸收的，发现孩子的兴趣点及潜能方向，在孩子的兴趣和生命潜能方向上给予更多的高级养料并持续进行激发。

　　脑科学向我们证明了全素质教育的科学性。新生儿大脑神经元总数约1000亿个，比成年人多20%左右，经过信息刺激，使神经元之间产生连接，形成回路，这就是智力。但是，用什么信息来刺激能产生什么样的连接、形成什么样的回路，我们无法知道；孩子未来是化学家？还是物理学家？经济学家？数学家？我们无法测定。面对一个"本自具足"的生命，我们以天地为法是最科学的。让孩子多元尝试、多元探索、多元体验，也就是什么营养都给他提供，让这个生命自我选择，我们总会发现某些信息能够刺激他们神经兴奋，那些孩子吸收特别好、特别爱学的领域，就是孩子的兴趣方向。

　　用全素质教育成功地"润化"孩子，找到他的兴趣点，需要父母有正确的教育理念，有一定的文化积淀和知识视野，能支持和帮助孩子"沉浸"在全素质教育"营养基"里，不断地滋养，持续地熏陶。

　　全素质教育的评价：人与生俱来有高自尊需求。根据这个人性特征，在体制学校以外的全素质教育中，不仅要坚决地放弃分数评价，更是要倡导"多元评价"。多元评价体系设计的根本原则就是保证参加某项教育活动的每一个孩子都能够获得某方面的成就感。根据人的社会性和丛生原理，我们设计了"团队原则"，全素质教育提倡团队成长，在没有分数评价的环境里，孩子之间放弃攀比，"各显其能""各显其美"，互相助力，互相激发。我们任何一项教育活动评价体系中至少有20个评价点，确保所有的孩子都得到激励，在一项孩子们都快乐的教育活动里，无为地实施我们的育人教育，"润物细无声"。

全素质教育的功能：帮助孩子增长见识、开发大脑、发现孩子兴趣和潜能方向；为给孩子做"加长教育"和"生根教育"打基础。

十大教育

全素质教育课程体系包括十大门类，简称十大教育。分别是：主流文化教育、生活教育、艺术教育、大自然教育、博物馆教育、游历教育、社会实践、意志力训练、学科教育、体育教育。

1. 主流文化教育

主要指中华优秀传统文化和红色文化，既要学，更要行。

学习中华优秀传统文化具有重要意义。一是培养高尚的道德品质、爱国情怀，提升人的精神境界。二是培养正确的人生观，建立使命感，铸牢民族魂。孩子使命有多大，学习动力就多大。三是培养乐观的人生态度，文化修养，礼仪道德。

以培养优秀后代为目标导向，我建议所有父母要认真地和孩子同学共修下列传统经典：《论语》《中庸》《孟子》《大学》《孝经》《道德经》等，择其精华来学。

学习红色文化是最有历史意义和现实意义的。学习红色文化，传承红色基因，一是提高孩子思想道德水准，培养家国情怀；二是坚定理想信念，确立使命感；三是激发孩子斗志，大无畏精神；四是开拓孩子胸怀格局，高级逻辑思维。最终，使我们的孩子以强大的动力，奋发向上，百折不挠，成为担当民族复兴大任的精英人才。

2. 生活教育

所谓生活教育是指有目的、有计划地引导孩子参与生活各方面的实践，锤炼孩子高尚的道德品质、健康的身心体魄、深厚的人文素养，帮助孩子开发大脑、提升认知、发展天赋、养成习惯，最终把孩子培养成为时代需要、德才兼备的优秀人才。

教育家杜威认为"教育即生活"。大意：个人在社会生活中，与他人连接、相互影响、认知提升、创新经验、养成良好道德品质、掌握更多生活知识和技能、获得成就，整个这一过程就是教育。杜威对教育的这个定义是比较彰显教育的自然性的。深受杜威影响的伟大教育家陶行知提出"生活即教育"。

其内涵之一：生活有教育的作用和意义。

其内涵之二：生活决定教育。父母的生活理念、层次，决定怎么培养孩子。

其内涵之三：教育要为生活服务，使人过上更幸福的生活。因为教育能够创新经验，创新经验所创造的新成就，会使生活发生巨大改变。

其内涵之四：强调学习要和实践相结合，不能脱离家庭实践和社会实践做教育，必须知行合一。

其内涵之五：既然生活就是教育，那么，每个人一生的生活就都是教育，这就强调了教育的永久性，结论是：人活着就要学习，即终身学习。汉代文学家刘向写过一个师旷劝学的故事，其中这段话非常著名："少而好学，如日出之阳；壮而好学，如日中之光；老而好学，如炳烛之明。炳烛之明，孰与昧行乎？"可见，终生都应该学习。即使年岁已高，只要肯学习，就比"摸黑走路"、拒绝学习要好。终身学习不仅是老祖宗是智慧，也是当代社会的要求。

生活教育的范畴很广泛。可分为两大生活范畴，即家庭生活范畴和社会生活范畴。家庭生活范畴主要包括：家庭日常生活教育、家庭学习生活教育、家庭道德教育；社会生活范畴主要包括：安全生活教育、公共道德教育、学校学习生活教育。

在生活教育内容方面，建议父母们主要抓好如下五个方面。

第一，孝悌礼仪。孝敬长辈，尊敬老师，礼貌待人。

第二，承担家务。凡是生理年龄能胜任的家务，全部归还给孩子。家务劳动是培养责任感、开发大脑最经济、最持久、最有效的方法。

第三，养成生活好习惯。作息时间、身体锻炼、健康饮食以及管理电子产品等方面要有明确规定，进而养成好习惯。

第四，公共安全和秩序教育。熟悉家外面一切场所的规则，有效防范任何安全风险，不伤害别人，不妨碍别人。

第五，培养学习态度。家庭教育不需要在学习能力方面负责，那是学校的责任；但一定要注重培养孩子好的学习态度，态度决定一切；而好的学习态度除了规则意识作用外，还要靠"生根"教育培养学习动力。

3. 艺术教育

所谓艺术教育，就是指用音乐、美术、文学、表演等为艺术手段和内容的审美教育实践活动，是美育的重要组成部分。其主要任务是培养审美能力、鉴赏能力以及创造力。伟大教育家蔡元培先生曾说："美育是最重要、最基础的人生观教育"。言简意赅，可见艺术教育对人的重要意义。

艺术教育对于孩子的培养非常重要。

第一，它是生命早期发展成长的主要动力。孕教听音乐——促进听力发育、看画面——营造情绪环境、讲故事——促进神经发展，艺术教育伴随一个人终生。

第二，能培养孩子认知能力、想象力和创造力。受艺术教育熏陶久的孩子，发现美的能力特别强，思维发散、灵感迸发、创意能力非常好。

第三，能培养孩子特殊感受力。善于自我调适内心感受，幸福感会更高；同时，处理人际关系的能力比较强，善于视觉、听觉、动觉、嗅觉等多方面综合感知和觉察，顺势而为。

第四，促进学科学习。艺术感觉能力高的人，愉悦感强，想象力丰富，易于攻克难题。

艺术教育范畴也非常广泛。建议父母做好三件事。

第一，重视文学修养。经典文化、红色文化、诗词歌赋等方面，有选择性、有顺序地学习，可以和孩子同学共修。

第二，学音乐、美术鉴赏。将其作为全素质教育内容之一，而不是又多了一门才艺课。不一定按照专业发展来要求孩子，而是尝试让孩子体会到美好。

第三，向东西会通方向扩展。西方艺术文化底蕴非常深厚，是西方两大主流文化之一。引导孩子了解西方著名艺术作品以及西方艺术历史，对于孩子成为国际化人才特别有益。

4. 大自然教育

有目的、有计划地利用大自然的环境及其大自然创造的自然物，作为教育元素、研究对象、教育背景、教育素材、教育工具，有效地培养人的实践活动，我们称之为大自然教育。

置身于大自然的怀抱中，呼吸大自然清新的空气，人得以洗涤；听大自然的天籁之声，孩子身心放松；看大自然的万象色彩，激发孩子的想象力；沐浴太阳照耀，感受"天行健，君子以自强不息"阳刚之气；看大江大河奔流，体悟水的九德，"逝者如斯夫"的紧迫；置身于大自然的怀抱，领略万物各安其命、各得其所的从容淡定；身处万物丛中，相信丛生原理带给我们的生存真理——每个生命为什么都能成为最好的自己；徜徉于广袤天地之间，人一定能理解人为什么敬天拜地，是因为天地壮阔的格局、无私的包容以及博爱万物的情怀……

逃离钢筋水泥的"隔离"，到大自然里，孩子们可以开展多种形式的教育。一是植物物种辨识及种植；二是动物生命繁衍和习性观察；三是地质地理知识；四是标本制作；五是海洋探索；六是爬山健身；七是野外生存挑战。要将其与孩子的写作结合起来，并进行多元评价。

5. 博物馆教育

博物馆采用实物陈列方式，并辅以展示手段突显实物，使人仿佛置身于真实境况之中。有目的、有计划地利用博物馆资源对孩子实施的教育，称为博物馆教育。它具有实物性、直观性、社会性、历史性，代入感特别强，孩子很容易沉浸其中，教育效果非常好。

做好博物馆教育的三个关键。一是博物馆选择。小学中年级以下的孩子优先选择科学技术类博物馆；小学高年级以上孩子优先选择主流文化博物馆；所有孩子都优先选择与最感兴趣的事物相关的博物馆。二是请专业人士主讲。把博物馆的知识和文化拔高到精神高度。三是团学深化人文精神并落到践行之中。研学是一次"充电"，只要父母持续地激发孩子，孩子就会自动自发向前冲好久。

6. 游历教育

有目的、有计划地从某个地方到另一个地方游览、体察、接受教育称之为游历教育。把书本知识和直接经验或社会现实相结合，形成体制学校之外的一种生动活泼又令人记忆深刻的社会教育方式。

做好游历教育的几个关键。一是游历教育目的的确定。如开阔视野、增长见识、满足兴趣、培养学习动力等。二是游学教育地点的选择。中外主流文化圣地、伟人巨匠博物馆、中外著名大学等。三是游学教育导学师的讲解。必须由经过严格训练过的导学师担任主讲，由当地配备的讲解员做辅助。四是游历教育中的团学落地。在规划设计中，每天晚上都要有团队研学计划，大家相互碰撞，深化感悟，制定各自践行计划。

7. 社会实践教育

有目的、有计划地带领孩子参与社会实践，在体验中了解社会、体察国情、明理益智、激发理想、树立三观。这种教育称为社会实践教育。

以培养中小学生学习动力和高级逻辑思维为主要目标，我向所有父母推荐下列三类社会实践教育。一是社会公益。二是社会调查。就人民大众普遍关心的问题，确定主题。如幸福感调查、学生学习动力调查等。三是名企参访。选择地方著名企业，作为参访对象，尽量涉及多行业，除参观生产现场外，要邀请企业家或企业高管和孩子们面对面，一方面使孩子们了解更多行业、职业，为他们将来选择专业方向，确定"职业锚"，提高精准度；另一方面因为能和成功的企业家面对面交流了，受到了指引，得到了激励，孩子们会更有动力去学习进步，榜样的力量是无穷的。

8. 意志力训练

意志力是指一个人自觉地设立目标，或在他人设立的目标下，能够根据目标来支配、调节或控制自己的思想和行为，在一定时间长度内，克服各种困难，而实现目标的优秀心理品质。凯利·麦格尼格尔在《自控力》一书中讲道："所谓意志力，就是控制自己的注意力、情绪和欲望的能力"。

在今日的中国，培养孩子意志力品质尤为要紧。每年有数万中小学生自杀……这与这些孩子的意志力品质培养有相当大的关系。学习努力不持久，遇到难题就逃避、就放弃；自私自利，心胸狭隘，再被父母控制，就会抑郁；经不起失败，受点挫折，受点委屈，就跳楼自杀……

中国孩子意志力品质差的原因。一是中国父母观念上不重视。很多父母唯分数论，只要学习好就是好孩子。二是孩子在家庭教育中被宠溺过了。三是父母作为负面榜样，影响了孩子。四是体制教育未能负起相应责任。体育是培养意志力最长效的方法，但体育课太少，且几乎被"侵占"。五是社会风气不良，造成互相"负干预"。父母都有圈子，圈子里有影响力的父母送孩子去补课，其他家就都跟着去补课；人家送孩子学才艺，大家也就带着孩子跟人家去学才艺；原因非常简单，就怕输在起跑线上。家庭教育的责任是什么？应该怎样做好这些教育？

意志力训练方法。首先我要明确：我们培养担当大任的优秀人才，必须培养孩子具有强大的意志力。从教育主体责任上来讲，这个教育千万不要指望体制学校教育来完成，一定要靠家庭教育。介绍几种意志力训练方法。一是加强体育运动。特别是长跑，运动时间达到30分钟后，身体会产生"多巴胺"，能让运动者有非常好的愉悦感，更爱运动。二是读主流文化书，建立理想。任何人都会为了理想而战，在红色文化和传统经典文化中，胸怀天下、矢志不渝的英雄非常多，对孩子有深刻影响，父母和孩子同学共修，孩子心中就树起了榜样的高大形象，激励他发奋读书。三是做苦难体验。推荐两个苦难体验培养意志力的方案——模仿红军长征时的苦难经历；帮扶贫困地区同龄孩子，住进贫困地区家庭，与当地的孩子同吃同住。四是鼓励孩子参加意志力训练营。最有教育效果的训练营是国防教育军事训练营和农耕训练营，都可在本地实施。

第六章
Chapter 6

孩子成长的动力机制

孩子的精神世界不用高大上的东西武装，就一定会被低俗的东西抢占。"君子务本，本立而道生。"

上一章里我们讲到了"生命的润化"。孩子的生命在全素质教育中被润化，在清楚确定他的生命优势和潜能前，教育者并不清楚他将成为什么样的人才，数学家？物理学家？药学家？哲学家？文学家？无法确定。在小学三年级之前，孩子的认知和思维还很有限，不成熟，不稳定，很容易受外界影响，价值观尚未定型。孔子说："吾十有五而志于学"，是说他15岁的时候，立了大志开始好好学习。过去讲的十五岁，是虚岁，正是今天的小学毕业。也就是说，如果家庭教育做对了，孩子小学毕业会立志的，方向、高度都是清楚的，然后做规划，持续执行，孩子就能成为他要成为的那样的人。人的成长动力来自哪里呢？我们以一粒种子为例，种子经过充分的润化后，它会先生根，根是种子发芽破土、开花结果的动力来源，根立住了，就"本立而道生"了。因为根保障着养分的吸收和供应。而我们的孩子就是一粒种子，这一章我们一起讨论孩子生长的动力机制，即生根教育。

生长的动力是什么？

图5-3　生根图

生物科学证明，种子经过一定条件、一定时间的"润化"后，最先破壳而出的不是向上生长的芽，而是向下深扎的根。生根的过程有三个特点。第一，生根是在土地里面发生的。人眼是看不到的，但它确实存在。第二，根生长具有方向性，一定是向下扎。根向深处扎，才能从大地里吸收到更多的营养，为向上生长提供足够动力，我们看到的参天之木、栋梁之材，他们的根能有数十米长。第三，当最先生长的主根向下扎到一定程度的时候，主根上开始生出副根，向宽处扎、向斜深处扎。根向宽处扎、向斜深处扎，使树更有稳定性，不会因风吹雨打而折倒，为树干长高"把握"向上的方向。根是生命生长的动力来源。

种子生长的过程，就是家庭教育培育孩子的过程，这就是"道法自然"学教育。那么孩子的根是什么？怎么让孩子生根？

家庭教育是生根教育的主要责任者，学校教育是生根教育的帮手。给孩子生根就是培养孩子"道德、责任、理想、信念"。道德主要是培养孩子正直、善良、民族感、家国情怀；责任感的培养是让孩子知道什么是自己该做好的；理想是培养孩子尽早确立人生目标，努力奋斗；信念是培养孩子顽强的斗志，不惧困难，敢于挑战。各位父母，让我们一起来思考下面几个问题：

为什么那么多孩子心里没有父母？孩子心里连父母都没有，哪里还会有国家、有民族？如果孩子决心为荣耀父母而战，为国家、民族而战，能学习不好吗？做父母的，为了培养孩子道德准备了什么样的教育养料？你教给了孩子什么？

为什么有那么多孩子拖拉、叛逆？他们不知道学习是自己的责任吗？父母辛辛苦苦努力工作、努力赚钱，给孩子送到各种补习班、才艺班，为什么孩子拿不来好成绩？你是怎么培养孩子责任感的？你是怎样给他做榜样的？

为什么有那么多孩子沉迷网络、厌学？父母培养过孩子远大理想吗？你是怎样培养孩子远大理想的？

为什么有那么多孩子抑郁、跳楼？孩子为什么视生命如草芥？为什么我们的孩子那么脆弱？父母培养过孩子的意志力吗？没有顽强意志怎么度过人生中的艰难险阻？

这是孩子的过错吗？如果从小父母作对家庭教育，把家庭教育的重点放到"道德、责任、理想、信念"上，孩子会出问题吗？能不好好学习吗？

综上所述，林林总总的问题，最终都指向家庭教育。原来高举着爱的旗帜的父母，做了十大错教育，真的把孩子害了。因此说，家庭教育是孩子的根。父母教育，是中国教育的根本教育。

如果我们对上述问题能做深刻的反思，我想父母就开始醒悟了，那便是孩子的希望。

生根的"最高级养料"是什么？

生根，就是培养孩子的"道德、责任、理想、信念"。给孩子什么"养料"，决定孩子吸收什么；孩子吸收什么，决定他成为什么样的人。给孩子做生根教育，该用什么"养料"最高级呢？

给孩子生根最高级养料是主流文化。红色文化、传统经典文化是当今中国的主流文化。"弘扬传统文化，传承红色基因"，这是党所倡导的"培根铸魂""立德树人"的教育策略，这是教育大道。中华民族源远流长的五千年文明之所以能够连绵不断，是因为文脉传承。道家的"无"，儒家的"仁"，佛家的"空"，都是培养胸怀天下、无我担当、无私奉献的时代精英的"最高级养料"。

用主流文化教育，使孩子学习兴趣上升为使命，这是孩子成长的最大动力。兴趣不是最好的老师，使命才是最佳的人生向导。我们用主流文化，给孩子生根，培养孩子的家国情怀、远大理想以及高级逻辑思维能力，使孩子具有向上的动力。当今中国的主流文化，其本质是爱国主义教育，是民族感的培养，同时，也解决了孩子们困惑的"为什么学习"的问题，是培养孩子学习动力最好的教育策略。孩子生了根，懂得了为谁学、为谁而战，就有无限动力奋勇向前；带着使命去学习，孩子就无所畏惧，就会自动自发，父母们想要的拿高分、上名校就是自然而然的结果。

在孩子生根教育方面，要求父母有系统的家庭教育理论功底，有一定的文化积淀和认知高度，能和孩子同学共修，做无为引导，能支持和帮助孩子在主流文化里，不断地熏陶，持续地践行，同时还特别强调父母必须给孩子做个好榜样。

小树只要根扎深扎宽，我们看到的部分——干、枝、叶、果都是"本立而道生"的。怎么学习能拿高分是学校老师的教育职责，不需要父母参与或影响。孩子因为有主流文化的学习和熏陶，有了理想、有了使命，这个"根"已经扎得深、扎得宽了，所以就会态度端正、认真学习、攻坚克难、勇往直前。

讲到这里，我们把教育的逻辑做个梳理。为了迎接一个生命的到来，想做父母的人或已经成为父母的人，一定要通过专业持续的学习，掌握正确的教育理论，有一定的文化积淀，具备优秀的教育能力；在孩子小学毕业之前，带领孩子或放手支持孩子在全素质教育的营养基里尝试、熏陶、润化，并尽早发现孩子的兴趣和生命潜能方向；在孩子的兴趣和生命潜能方向上给予更多的高级养料，做"加长"教育，并通过和孩子同学共修主流文化、践行主流文化，为孩子"生根"——培养家国情怀、树立远大理想、锤炼顽强意志、建立高级逻辑思维……实现家庭教育"培根铸魂，启智润心"的教育根本目的。

怎么给孩子生根

1. 培养道德

第一，什么是道德？道，即道路，指天、地、人类相互依存、共生共荣的规律。这个规律是什么呢？"道法自然"，"天之道，利而不害"。"不害""善利万物""无我"乃是天、地、人特别是人类之间的生存大道。与时俱进，今天我们来讨论什么是道德，其最重要的内涵应该是正直和善良。

德，同"得"，指依道而行，即德行、品行。一个人的言行，对他人、对社会无害，甚至是对他人、对社会有益，便是德行好。比如，孝敬父母，待人有礼，勤奋好学，生活节俭，言而有信，坚持正义，救助失学儿童，做社会公益，到偏远农村助学等等，都是好德性、好品格。

第二，道德能给我们带来什么？

一是可以让孩子灵魂越来越高尚。我们说道德最主要的内涵是正直和善良。正直和善良是生命本身天赋的基因，在正确的教育下，它会生发出来爱、平等、自由、尊重、勇敢等道德观念，并支配孩子的行为，沿着这样的方向发展，孩子的灵魂就会变得越来越高尚。

二是可以让孩子人际关系越来越好。人际关系里，谁都希望和"无害""奉献"且有才能的人结交成朋友，以利于自己学业、事业的长足发展。赢得人际关系最简单、最经济、最高效的方法就是奉献。获得机会的最简单、最经济、最高效的方法也是奉献。越愿意帮助他人的人，越主动去努力学习更大的本事，这是个良性循环，是善的循环，非常美好。

三是道德能让一个家庭、一个组织、一个民族甚至全世界的成员活得更幸福。

第三，怎么培养道德？一是父母和孩子同学共修主流文化；二是建家规、做家务；三是文化寻根研学，"触景生情"；四是教孩子待人接物之"礼"；五是做社会公益；六是节俭生活；七是苦难体验；八是看道德榜样的视频和书；九是父母正面榜样影响；十是父母正确评价和激励。

2. 培养责任

第一，什么是责任？责任就是自己的职责和任务。对于孩子来讲，就是自己的事情自己做，公共的事情分担做。讲到责任自然就联系到责任感这个概念，即人能够积极主动地努力做好自己分内外一切有益的事情的精神自驱状态。实际上他属于道德心理范畴，是一个人道德素质的重要体现。每个人都应该孝敬父母，这是道德约束，同时也是每个人应尽并必须做好的义务和责任。因而，如果一个人不敬孝自己的父母，那就不仅是责任感的问题了，更是道德感的大问题了。

我把责任和责任感从道德里分离出来，是因为对于孩子的教育，开始注重的是责任感，随着开蒙的完成、家庭教育的提升以及学科教育的不断升级，孩子的认知和思维发展到一定程度，才能从道德高度去看待责任担当。比如，两三岁的孩子整理自己的玩具，一年级孩子写自己的作业，都是责任层面上的事情，不涉及道德问题。但是，专业的父母需要懂得教育之道，能预判小孩子的责任问题一定会转变为道德问题。比如，小孩子学习是自己的责任，但父母没有培养孩子责任感，他想学就学，不想学就不学，作业可以认真地写，也可以边玩儿、边和大人聊天、边摆弄橡皮边写。父母要知道，现在我们从责任、习惯、专注力等方面要求孩子、训练孩子，但要高度重视这样的问题，因为不按规矩写作业，不认真专注写作业，是属于学习态度问题，而态度问题就是道德问题。我们必须要重视，及时纠偏，给孩子指明怎么做是正确的，通过家规约束、通过行为训练以及父母做好榜样，使孩子养成好习惯，凡事都负责任，学习、做事都要认认真真，这才能成为受人欢迎的优秀人才。正如梁启超所言："人生须知负责任的苦处，才能知道尽责任的乐趣。"

第二，怎样培养责任感。一是父母和孩子同学共修主流文化；二是从小建家规、做家务；三是父母放手、不包办不溺爱；四是给孩子"主人感"；五是做社会公益；六是父母会沟通、引导、评价；七是父母正面榜样影响。

3. 培养理想

第一，什么是理想？理想是指人对天地万物的根本道理有了掌握后，而生发出来的对未来美好生活的合理期望。

人的理想从哪里来？一定是因为人对于在天地间、大千世界里该怎样生活的道理有了准确认知，上升为哲学理性，才可能生发出坚定的理想信念。很多父母都把孩子考上一个好大学当作理想，其实那不是理想，考大学只是实现理想道路上的一个短期目标。显然把上大学作为理想是不正确的。不专业的父母认为的理想就是孩子要考哪个大学？将来要做什么职业？要赚多少钱？这些都只是没有"道理"、无视"规律"的想法，没有底层的逻辑，没有生发的根基，所以，我们看到很多孩子都是说说而已,想打游戏就打游戏,想放弃就放弃。可见,如果父母在家庭教育中,不用"高级养料"滋养孩子,不培养孩子哲学理性,孩子哪里会有远大理想呢?

真正有理想的人有下面几个标志。一是很清楚人生的意义、活得明白。光靠兴趣动力还不够,让人以强大意志力去奋斗的理由是使命。所以,我说:"兴趣不是最好的老师,使命才是最佳的向导。"二是有清楚坚定的目标。不会轻言放弃,不会轻易被诱惑走偏。三是能为自己的理想行动,并持续行动。不畏困难,不懈努力,不达目的不罢休。一个理想达成之后,再树立起一个更大的理想,人生就是不断进取、不断超越的过程,直到"止于至善"。

第二,理想的作用。理想指引人生方向。理想是一座灯塔,让人前进不迷航;理想提供前进动力。不怕艰难险阻,以顽强毅力前进。理想提高精神境界。引导人不断追求更高的人生目标,更完美的高尚人格。

第三,怎么培养理想。一是学主流文化,培养孩子高级理性。格物致知,正心诚意,修齐治平;二是全素质教育"润化",发现兴趣,建立使命;三是游历见世面、长见识、提升维度;四是《伟人巨匠》榜样熏陶、影响;五是多做社会实践,建立高级理性思维;六是父母的正面榜样影响。

4. 培养信念

第一,什么是信念?《说文解字》中讲"信"指"诚也";"念"常思也。所以信念是指人对自己的观念及其观念所导引的意识行为强烈地确信不疑。是一种精神意识活动,反映着个体的世界观、人生观和价值观。信念和认知关系密切。有正知,才能有正念。人相信什么?对什么产生强烈情感？怎样为自己认定的、爱到一定程度的事情全力以赴？都和理性认知的正确性、层次性有相当大的关系。当通过正确的教育，使孩子树立起远大理想了，孩子若在精神意识上对自己远大理想产生了信念和使命，体现在孩子的学习行为上，就会自动自发、全力以赴。

第二，孩子有信念吗？我在高校从教8年，做过多次理想、信念的调查，学生们的回答是找个好工作。想想几千年以前的教育，无论是家庭教育还是学校教育都首先教育孩子胸怀天下，"为天地立心，为生民立命，为往圣继绝学，为万世开太平。" 再看100多年前的小学教育，湖南湘乡有个东山高等小学堂，那里的校训是四个字："公、诚、勤、俭" 兼覆无私谓之公，就是以天下为己任，指远大理想；真实无妄谓之诚，就是真心无悔地追求，即信念；夙夜匪懈谓之勤，讲的是为远大理想信念要努力向学，指学习态度；去奢从约谓之俭，就是要求简朴生活，指生活态度，不能求奢、腐化。

第三，信念有什么用？我们说信念是一种精神意识，是人对自己的想法、向往坚定不移的、强烈的意识倾向，它能产生强大意志，能调动自身潜能，能给自己必胜的心理暗示，能使人面对困难、挫折时，不畏惧，不气馁，苦中作乐。

第四，信念怎么培养？一是父母和孩子同学共修主流文化。提升孩子高级逻辑思维能力，解决"正知"问题；二是相信信念能给你强大能量。人不仅是环境的产物，也是思想的产物，这是意志的力量；三是"剁手"溺爱，在实践中磨炼孩子。在生活实践、学习实践和社会实践中，让孩子相信自己"我能行"，然后去寻找力量、方法和技巧；四是在我们的思想里删除掉"负念"，如果"负念"闪现，能快速地用正念替换；五是让我们的精神意识进入一个利于实现目标的环境中，找到榜样。我要成为一个积极向上的人，那就与比你还积极向上的人交朋友，远离消极的人；"我要考高分"，那就像学霸一样去学习。

培养道德、责任、理想、信念的万能公式。爱因斯坦发现了质能公式：$E=M \times C^2$。其中E代表能量，M代表质量，C代表光速，光速是一个常量（每秒约等于三十万公里）。孩子的成长可以视为生命能量的结果，根据爱因斯坦的质能公式，我们可以类推出一个学习的公式：学习成绩=学习动力×学习能力的平方，即$S=M \times A^2$。S代表学习成绩，M代表学习动力，A代表学习能力。学习能力主要来自学校里学科老师的教育，孩子们的学习能力基本上可以达到"同质化"，所以可以将学习能力视为常量。而学习动力主要依靠家庭教育。因为学习动力是道德、责任、理想、信念，是人的根魂教育。孩子们的问题基本上都集中在道德、责任、理想、信念等方面，如果学习动力是零或者很小，就会使学校的教育大打折扣，甚至为零。因此，我在本书中给出培养孩子学习动力的万能方法，指导并帮助家庭教育提升"效用"。其万能的培养方法就是：1. 建家规、做家务；2. 学习和践行交流文化；3. 文化研学；4. 社会公益；5. 勤俭生活；6. 苦难体验；7. 意志力训练；8. 环境创设；9. 父母沟通技能；10. 榜样影响；11. 导师指引。

第七章
Chapter 7

孩子成长的天然机制

100%的孩子都是天才,99%的父母都是"杀手",
因为只有1%的天才活成了自己。

天下的父母都希望自己的孩子爱学习，学习好，当学霸，上名校。那学霸是什么样的？他们身上彰显着怎样的特质？我对100位上世界名校的学霸做过调查，总结出了他们身上的六个共同特质。一是好奇。特别喜欢探究新事物，每每拿到下个学期的教材，他们都会很急迫地浏览；听到同学讲假期出去旅游的见闻，他们会很兴奋；听大人讲社会上什么新奇的事儿，他们很愿意参与讨论。二是专注。他们玩儿的时候专注在玩儿上，学习的时候专注在学习上，轻易不被诱惑，所以学习效率很高，这个时候，千万别打扰他们。三是勤奋。在和其他学生一样遵守作息时间的前提下，他们会抓紧一切时间学习，普遍的做法有两个：走路时回忆学习内容；课间向老师请教问题或者和学习好的同学研讨问题。四是自主。无论是在学校，还是在家里，自主学习，主动思考，学习的事儿不用父母操心。学什么？什么时间学？遇到难题怎么办？都不需要父母参与，他们会自己想办法解决。五是勇敢。他们怕学习没有难度，没有难度就不兴奋；见到难题就更有"斗志"，"战胜"难题后，"胜利感"特别强，因此会非常开心！"越战越勇"，像是有使不完的劲儿。六是坚持。这些学霸不是在某一个年级的时候勤奋努力，他们一直保持旺盛的战斗力，坚持已经成为自然。

什么是好奇心？

人与生俱来的、对某些事物表现出关注的兴奋情绪或对某些事物产生探索欲望的心理倾向，称为好奇心。

注意这个定义中的三个关键点。一是好奇心是与生俱来的，是上天给的"天赋"；二是对引起关注的事物产生兴奋情绪；三是内心对某些事物产生探索、了解、再创造的心理欲望。

好奇心是孩子爱学习的"天然"机制。"爱学习"就应该能"拿高分"，这是因果关系。然而，一个带着天赋爱学习基因的孩子，为什么到了小学高年级就开始厌学了？是谁把孩子的天赋"扼杀"掉了？怎么才能最大可能地利用好孩子爱学习的天赋机制？我们首先还是从好奇心的天然属性及其意义说起。

牛顿为躲避"黑死病"，从剑桥回到了乡下的家里。某一天，他在苹果树下思考问题，被突然落下来的一个成熟的苹果砸到了脑袋，他就思考起苹果为何会掉落到地面上，而月球却不会掉落到地面上，于是有了万有引力定律的诞生；仰望天空自在飞翔的鸟儿，莱特兄弟开始思考能否发明一个机器，从地面上飞起来，在天空中自由"翱翔"，于是飞机诞生了……

无论是科学，还是神话，都在说明一件事——人类因为好奇而去探索，因为探索而获得进步，进步让人类以更大的好奇心继续探索……

爱因斯坦认为他所有的成就都来自于他具备强烈的好奇心。法国教育家卢梭说："好奇心只要有很好的引导，就能成为孩子寻求知识的动力"；"问题不在于教他各种学问，而在于培养他有爱好学问的兴趣……这是所有一切良好的教育的一个基本原则"。因此，父母必须保护、培育和激发孩子的好奇心，这是教育的重要遵循。

好奇心的伟大价值

在以上的分析中，我们已经归纳出好奇心的伟大价值——人类独有的、驱动人类繁衍、生存、创造发展的天然驱动力。

1. 好奇心使人快乐幸福

无论是小婴儿还是成年人因为好奇的驱动，不断探索和学习越来越多的新事物，体内会产生多巴胺，内心会有成就感，所以愉悦度、幸福指数会很高。盖洛普公司抽取130多个国家十三万人进行调查发现：影响人快乐有两大因素，即"能够信赖某人的帮助"和"昨天学到了新东西"。可见建立良好人际关系、探索新事物以及因此获得个人成长是快乐人生的关键因素。

2. 在父母陪伴呼应下，好奇心引领孩子找到学习兴趣，深入探索

从开始对什么都感兴趣的消遣性好奇，因为父母的陪伴呼应，孩子有了"区分"。我们会发现孩子对某些事物不感兴趣了，不好奇了，放弃了，而对另一些事物却增加了好奇，更感兴趣了。在孩子更感兴趣的领域，父母能引领和支持孩子去探索，做深入学习，满足他的成就感需求，

随着知识积累得越多，吸收新知识就越容易，孩子就从低认知需求满足，不停地向高认知需求满足跃升。

3. 好奇心"滋生"想象力，将有无限的创造可能

人一旦失去了好奇心，头脑就会僵化，没有想象力，就不会有所创造。好奇心是智力的源泉，在父母开放式的呼应下，对新事物的好奇心就能自然而然地"滋生"想象力。比如，孩子问妈妈：企鹅在雪天里不冷吗？且在水里会不会沉下去淹死呀？父母呼应的正确，可以陪伴孩子看企鹅的纪录片，或者买企鹅故事书，不直接给孩子答案，这就培养了孩子自主学习的能力，孩子的大脑就被"牵着"，他自己就会"步步深入"，父母及时给予正评价，激发孩子去想象，"企鹅在水里不沉，那我们可不可以做个小纸船看看在水里沉不沉？""纸船不沉，上面再加点儿东西会沉吗？怎么做能不沉？" 我们发现只要父母陪伴呼应，可以引导孩子发挥无限的想象力，革新创造。

4. 好奇心引领孩子找到人生的意义，完成"根"的发育

当孩子在某些领域因为兴趣做更深入的探索和学习后，如果父母能从孩子感兴趣的事物帮助他升华到精神高度，孩子就有了使命感。兴趣不是最好的老师，使命才是人生最佳向导。孩子的生命在好奇心这个内在驱动力上，又附加了一个外部驱动力——胸怀天下的远大理想，这使他们敢当大任又不畏惧困难。他已在泰山之巅，一览众山小。

保护孩子的好奇心

孩子好奇心保护和开发的方法。一是父母在掌握生命规律、教育规律的专业基础上，确立正确的教育观。观念决定行为，行为决定结果。二是能顺应生命规律对孩子的"求学"做正确的回应。加速孩子智力开发，使孩子高认知需求得到满足，让孩子有美好的心灵感受。三是父母做正面榜样。身教胜过言传，父母对事物要有热情度、兴奋度，父母间对话对孩子就是熏陶。四是发挥家庭教育主体作用，对体制教育的不足进行弥补和修缮。不能让"统一"教育毁掉孩子。五是带领孩子在各个领域做多元尝试、体验和探索。关于家庭事务、学校事务、微系统（具体内容见下文）之间的事务、大自然、文化圣地等，带孩子多看，多给孩子讲，多动手实践，再让孩子复述，讲出来给父母听，对于所见所感所触及的新事物的全部过程父母都要给予正确回应。这些方法父母们能不能做对，这需要在长期的家庭教育实践中不断地修炼。

美国著名心理学家布朗芬布伦纳提出了"生态系统理论"，包含微系统、中系统、外系统、宏系统。微系统是指孩子所在的家庭、学校、同伴、网络等环境下的个人间的交互作用；中间系统指各微系统之间的联系及其相互关系，如家庭和学校的关系；外系统主要指父母单位、学校管理部门、邻里社区、网络类型等所形成的外部大环境；宏系统指文化大环境。

简单地理解布朗芬布伦纳的"生态系统理论",就是培养孩子这个过程涉及了家庭、学校、单位、社会、政府、政党、文化意识形态及其相互关系,上述因素都影响着孩子的培养结果。但是,哪里的影响最大呢?布朗芬布伦纳的观点是"父母的育儿行为和他们与子女之间的关系最为核心"。

中国古话讲"三岁看大,七岁知老",0-3岁,正是孩子好奇心"爆棚"的时段,而这个时段孩子一定是由家庭教育"哺育"的;孩子上了幼儿园,家庭教育仍然占据主导地位,父母对孩子的影响远远超过幼儿园老师,也就是说幼儿园教育占辅助地位。

综上可见,关于影响幼少儿好奇心的关键因素,中外教育观念高度统一。家庭环境及家庭教育是保护和激发孩子好奇心的最关键。父母的教育理念、教育方法、言行榜样、亲子关系等,就基本上决定了孩子的未来。

为孩子插上腾飞的翅膀

想象力是指人在已认识或已感受的形象或事物基础上,在大脑中能"构造"出新形象、新事物的能力。好奇心是智力的源泉,想象力是智力的翅膀。如果一个孩子的好奇心和想象力得到很好的保护和开发,他必将成为一个惊世人才。

经常有妈妈说,她的孩子玩儿一个布娃娃能玩儿两小时;给他一堆积木块儿,他能自己摆来摆去小半天儿;每天晚上要听故事才能睡觉,一个故事要听好几遍也不烦……在这些状态下,孩子首先在运用他的注意力,孩子不专注就不可能玩儿一个东西很久，听一个故事就不能听很多遍；我们发现，父母给孩子讲故事，在讲第二遍或第三遍时，如果你讲错了的时候，孩子会立即就给你指出来，因为他一直在用注意力和记忆力"录"大人给讲的故事。在注意力的基础上，他会对事物进行反复思考、反复观察，同时伴随而生的就是想象，所以，当孩子对某个事物有很强的注意力的时候，注意力会促进他的想象力的提升。所有这些状况，父母切不可打扰，更不能打断，这个状态是智力发展的一个美好状态，孩子的大脑神经正在建立链接以致形成智力回路。

　　一个具有丰富想象力的孩子，才会思维敏捷，才能创造、创新。爱因斯坦说："想象力比知识更重要，因为知识是有限的，而想象力概括着世界上的一切，推动着进步，并且是知识进化的源泉。"

　　父母着急，拔苗助长，就一定毁了孩子的想象力。

　　我们来看一个美国发生的真实案例。1968年的美国内华达州。有一天，一个刚刚满3岁、叫伊迪斯的可爱的小姑娘兴奋地对妈妈说："我认识这个礼品盒上"OPEN"的第一个字母"O"！妈妈很吃惊，心想：我没教她这个呀！于是就问她的孩子"你怎么认识这个字母的"？女儿回答："是幼儿园薇拉老师教的"。有老师教你孩子知识，你是不是会很高兴啊？甚至还要深深地感谢这样的好老师！但这位美国妈妈非常气愤，一份诉状，就把孩子所在的幼儿园——劳拉三世幼儿园和薇拉老师告上了法庭，理由是"幼儿园和老师剥夺了她女儿的想象力。"因为我的孩子在认识字母"O"之前，她可能把"O"想象成梨、桃、苹果、太阳、鸡蛋、篮球……但是，自从薇拉老师教我孩子学会26个字母后，她现在没有这样的想象力了。在诉状中，这位妈妈要求立刻停止教她孩子知识，同时，赔偿她女儿精神损失费100万美元。面对陪审团，这位妈妈讲的一个故事打动了所有人。她曾经去一个国家旅行，在一个公园的湖里，她看到两只天鹅，其中一只被剪去了左翅，另一只翅膀完好。被剪了左翅的天鹅被放养在较大的湖里，翅膀完好的天鹅被放养在较小的湖里。她非常纳闷，为什么要这样养天鹅。管理员告诉她，这样可以防止它们逃跑。因为，剪去一只翅膀的天鹅无法保持平衡，飞起来后就会掉下来，所以时间久了，它就不飞了；在小湖里的天鹅，虽然翅膀完好无损，但起飞时会因没有足够长的滑翔路程，也只能老老实实地待在水里。这位妈妈听后十分震惊，又十分悲哀——为天鹅悲哀。今天，她为女儿来打官司，就是因为她感到女儿变成了劳拉三世幼儿园里的一只天鹅。她们剪掉了女儿的一只翅膀，那是一只幻想的翅膀，还早早地把女儿投进了那个小湖——那片只有 ABC 的小湖。

美国法院判决这位妈妈胜诉。而且最终促成了内华达州重新修订《公民教育保护法》。修改后的《公民教育保护法》明确规定：幼儿在学校有玩的权利、问为什么的权利。

除了父母着急会毁掉孩子想象力，父母溺爱、包办、强制以及家庭和体制学校千篇一律的"统一性"教育都是孩子想象力的"强大杀手"。如果我们的教育做对了，好奇心再加上无限的想象力，孩子一定能"一飞冲天"。

创造力测试

采用尤金·劳德塞创造力测验方法。50个句子，每一句后面用一个字母表示对这一提法的同意或反对的程度：同意用 A 表示；不清楚用 B 表示；不同意用 C 表示。然后，对选出的答案按评分表进行统计分数，测出自己的创造能力水平。试验者只需10分钟左右的时间，就可知道自己是否具有创造才能。

1. 我不做盲目的事，也就是我总是有的放矢，用正确的步骤来解决每一个具体问题。【 】

2. 我认为，只提出问题而不想获得答案，无疑是浪费时间。【 】

3. 无论什么事情，要我发生兴趣，总比别人困难。【 】

4. 我认为，合乎逻辑的、循序渐进的方法，是解决问题的最好方法。【 】

5. 有时，我在小组里发表的意见，似乎使一些人感到厌烦。【 】

6. 我花费大量时间来考虑别人是怎样看待我的。【 】

7. 做自认为是正确的事情，比力求博得别人的赞同要重要得多。【 】

8. 我不尊重那些做事似乎没有把握的人。【 】

9. 我需要的刺激和兴趣比别人多。【 】

10. 我知道如何在考验面前，保持自己的内心镇静。【　】

11. 我能坚持很长一段时间以解决难题。【　】

12. 有时我对事情过于热心。【　】

13. 在无事可做时，我倒常常想出好主意。【　】

14. 在解决问题时，我常常单凭直觉来判断"正确"或"错误"。【　】

15. 在解决问题时，我分析问题较快，而综合所收集的资料较慢。【　】

16. 有时我打破常规去做我原来并未想要做的事。【　】

17. 我有收藏癖。【　】

18. 幻想促进了我许多重要计划的提出。【　】

19. 我喜欢客观而又理性的人。【　】

20. 如果我要在本职工作和之外的两种职业中选择一种，我宁愿当一个实际工作者，而不当探索者。【　】

21. 我能与自己的同事或同行们很好地相处。【　】

22. 我有较高的审美观。【　】

23. 在我的一生中，我一直在追求名利和地位【　】

24. 我喜欢坚信自己结论的人。【　】

25. 灵感与获得成功无关。【　】

26. 争论时，使我感到最高兴的是，原来与我观点不一致的人变成了我的朋友。【　】

27. 我更大的兴趣在于提出新的建议，而不在于设法说服别人接受这些建议。【　】

28. 我乐意独自一人整天深思熟虑。【　】

29. 我往往避免做那种使我感到低下的工作。【　】

30. 在评价资料时，我觉得资料的来源比其内容更为重要。【　】

31. 我不满意那些不确定和不可预计的事。【　】

32. 我喜欢一门心思苦干的人。【　】

33. 一个人的自尊比得到一个人的敬慕更为重要。【　】

34. 我觉得那些力求完善的人是不明智的。【　】

35. 我宁愿和大家一起努力工作，而不愿意单独工作。【　】

36. 我喜欢那种对别人产生影响的工作。【　】

37. 在生活中，我经常碰到不能用"正确"或"错误"来加以判断的问题。【　】

38. 对我来说，各得其所、各在其位，是很重要的。【　】

39. 那些使用古怪和不常用的词语的作家，纯粹是为了炫耀自己。【　】

40. 许多人之所以感到苦恼，是因为他们把事情看得太认真了。【　】

41. 即使遭到不幸、挫折和反对，我仍然能够对我的工作保持原来的精神状态和热情。【　】

42. 我对"我不知道的事"比"我知道的事"印象更深刻。【　】

43. 想入非非的人是不切实际的。【　】

44. 我对"这可能是什么"比"这是什么"更感兴趣。【　】

45. 我经常为自己在无意之中说错话而闷闷不乐。【　】

46. 即使没有报答，我也乐意为新颖的想法而花费大量时间。【　】

47. 我认为"出主意没有什么了不起"这种说法是中肯的。【 】

48. 我不喜欢那种显得无知的问题。【 】

49. 一旦任务在身，即使受到挫折，我也要坚决完成之。【 】

50. 从下面描述人物性格特点的形容词中，挑选出10个你认为最能说明你性格的词。【 】

精神饱满的 有说服力的 实事求是的 虚心的 观察力敏锐的 谨慎的 束手束脚的 足智多谋的 自高自大的 有主见的 有献身精神的 有独创性的 性急的 高效的 乐于助人的 坚强的 老练的 有克制力的 热情的 时髦的 自信的 不屈不挠的 有远见的 机灵的 好奇的 有组织力的 铁石心肠的 思路清晰的 脾气温顺的 爱预言的 拘泥形式的 不拘礼节的 有理解力的 有朝气 严于律己的 精干的 讲实惠的 感觉灵敏的 无畏的 严格的 一丝不苟的 谦逊的 复杂的 漫不经心的 柔顺的 创新的 实干的 泰然自若的 渴求知识的 好交际的 善良的 孤独的 不满足的 易动感情的

读者可根据下面的尤金创造力评分表，自行计算出自己的最终分值，便能得出对应的测试结果。

尤金创造力评分表（1-49）[①]

	A	B	C		A	B	C		A	B	C
1	0	1	2	18	3	0	−1	35	0	1	2
2	0	1	2	19	0	1	2	36	1	2	3

---

① 尤金创造力评分表是美国普林斯顿创造才能研究公司总经理、心理学家尤金·劳德赛，针对善于思考和富有创造力的科学家和企业经理的个性和品质，研究和设计出来的一套测试问卷，仅供读者参考。

续表

	A	B	C		A	B	C		A	B	C
3	4	1	0	20	0	1	2	37	2	1	0
4	-2	1	3	21	0	1	2	38	0	1	2
5	2	1	3	22	3	0	-1	39	-1	0	2
6	-1	0	3	23	0	1	2	40	2	1	0
7	3	0	-1	24	-1	0	2	41	3	1	0
8	0	1	2	25	0	1	3	42	-1	0	2
9	3	0	-1	26	-1	0	2	43	2	1	0
10	1	0	3	27	2	1	0	44	2	1	0
11	4	1	0	28	2	0	-1	45	-1	0	2
12	3	0	-1	29	0	1	2	46	3	2	0
13	2	1	0	30	-2	0	3	47	0	1	2
14	4	0	-2	31	0	1	2	48	0	1	3
15	-1	0	2	32	0	1	2	49	3	1	0
16	2	1	0	33	3	0	-1				
17	0	1	2	34	-1	0	2				

50题得分

下列形容词得2分：精神饱满的、观察力敏锐的、足智多谋的、有主见的、有献身精神的、有独创性的、不屈不挠的、无畏的、好奇的、脾气温顺的、有朝气的、感觉灵敏的、创新的、热情的、严于律己的。

下列形容词得1分：自信的、有远见的、不拘礼节的、一丝不苟的、谦逊的、机灵的。

其他选择都是0分。

综合各项分值，根据对应的综合分值就能大致判断出自己的创造力基本情况：

110—140 创造性非凡；85—109 创造性很强；56—84 创造性强；30—55 创造性一般；15—29 创造性弱；-21—14 无创造性。

第八章
Chapter 8

孩子自动奋发的心理机制

以理启人,以情动人,以意义引领人,父母学会爱,孩子长成才。

天下所有的父母，一直都高举着爱孩子的旗帜，但是，我非常不确定，他们是否真的懂得"爱"这门学问。

爱孩子的标准

父母到底是不是真爱孩子，不是父母自己以为的爱就是真爱，爱孩子是有标准的。

教育家凯洛夫说："教育的一个特定目的就是要培养感情方面的品质，特别是在人与人的关系中的感情品质。"父母不懂孩子情感或错培养孩子情感品质，对于孩子而言就是灾难。教育家苏霍姆林斯基说："教育者最可贵的品质之一就是人性，对孩子们深沉的爱，兼有父母的亲昵温存和睿智的严厉与严格要求相结合的那种爱。"

1. 只有学习才会爱

爱是一门大学问，"人不学，不知义"，父母绝不是天生的"教育家"！要系统、持续地学习和实践，才能给予孩子正确的爱。

2. 为孩子营造自然生长环境

我们所说的培养孩子的自然环境主要指两个方面，一是顺乎生命自然作对教育，不能胡来；二是通过军事训练、劳动教育、生存挑战、苦难体验等培养孩子强大的意志力。

3. 无条件

父母爱孩子不应该有任何条件，但就是有很多父母爱孩子有条件。"你要是再不把学习赶上去，我就不喜欢你了""你要是先把作业写完，我就让你玩半小时手机""这周你要是考进班级前五，爸爸就请你吃大餐"……父母这种蠢事干的久了，孩子内心就会感受到父母爱的不是他，而是爱着父母自己内心那个听话的、考高分的"黑孩儿"，孩子一定会因为缺爱，而心情沮丧、信心下降。

4. 抓关键

中国99%的父母教育孩子一直都是"唯分数论"，偶尔做做家务，父母就催促"行了，不用你了，赶快去写作业吧"；一周带孩子做一次体育运动，回到家便说"今天玩儿也玩儿了，赶快去学习吧"；孩子拿起一本自己喜欢的课外书，刚读几分钟，就被妈妈发现了，接着就听到妈妈带着"气度"说"上周考那个熊样儿，怎么还有时间看闲书，还想不想好？"……孩子做家务变成了学习的"点缀"；锻炼身体算是学习的"调剂"；课外阅读、和同学交往都被看作是"不务正业"……

你是否思考过大量孩子出问题的原因到底在哪里？教育的底层逻辑是什么？孩子天生带着爱学习的基因——好奇心，如果再把孩子的责任感培养起来，孩子是不是就会去做自己该做的事了？然后，在他生命潜能方向上，通过主流文化及榜样影响去培养孩子的道德、责任、理想、信念，孩子就有了生命动力，他一定会因带着使命、带着民族感而自动自发地学习、生活……所以，家庭教育所要抓的关键就应该是：道德、责任、理想、信念。

5. 守底线

我问过上万的父母这个问题：培养孩子拿文凭和做好人哪个更重要？答案是惊人的统一——做好人更重要。《大学》中开篇就提出教育纲领："大学之道，在明明德，在亲民，在止于至善"；《论语》中强调教育的逻辑：入则孝——出则弟——谨而信——泛爱众——而亲仁，由内到外再到广，都是做人的教育。做人的东西学好了，"行有余力，则以学文"。教育孩子的底线或者说是红线，就是道德。不妨碍他人，不伤害他人，这是最低的底线，决不能触碰。

6. 爱要让对方感受到并回应

所有的父母都说爱孩子，但是，80%的孩子感受不到，所以才有不听话、厌学、沟通障碍、叛逆……爱，不是"单相思"；爱，是互动，是投桃报李。父母们一定要放弃自己的"执念"——我是爱你的，不要再以为你的以为就是孩子的感受。教育的目的是要孩子获得幸福，而事实上，80%的孩子一直都生活在苦难之中！所以，父母的爱，孩子没有感受到，或者父母的爱没有得到孩子的回应，一定是哪里爱错了——错爱，一定是伤害。

马斯洛的需求层次论

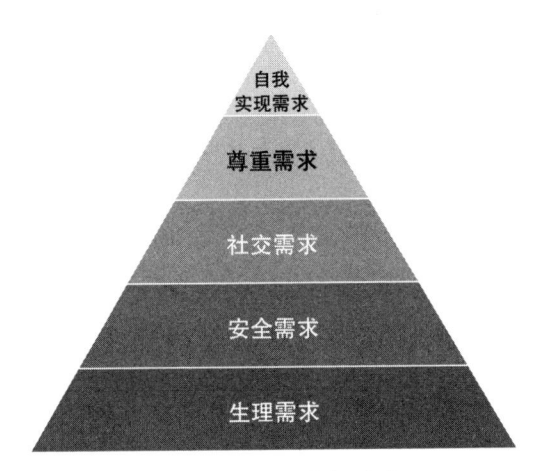

图8-1 马斯洛需求层次论

1943年，世界著名社会心理学家马斯洛在他的《人类动机的理论》中提出人性五个层次的需求，由低到高分别是：生理需求、安全需求、社会需求（归属与爱）、尊重需求、自我实现。到了晚年，马斯洛把他的需求层次论扩展到八个层次，分别是：生理需求、安全需求、社会需求（归属与爱）、尊重需求、认知需求、审美需求、自我实现及超自我实现。生理需要主要指食物、空气、水、睡眠、性的需要等；安全需要主要指工作生活稳定、受保护、有保障、有秩序、没有恐惧和焦虑的需要等；社会需要主要指一个人在关系中的情感归属和爱的需要等；尊重需要主要指在关系中被尊重（成就、权利、财富等）及对他人尊重（名望、地位等）的需要等；认知需要主要指在一定知识基础上对事物进行更深的探究、发现、意义追寻的需要等；审美需要主要指对事物的欣赏、寻求美、对称性、平衡感的需要等；自我实现需要主要指自己的生命潜能及能力充分完善和发挥的需要等；超自我实现需要指超越自我价值观目标的需要，即超越自我。

五感教育法

我们研究人性需求并满足人性需求，才会让人有美好感受。对应马斯洛的需求层次论，我提出教育孩子的"五感"法——亲密感、安全感、归属感、价值感、成就感，简称"五感"。父母在教育孩子的过程中，按照正确爱的标准，给孩子"五感"满足，孩子在精神上一定会收获到美好的感受。这是教育的底层逻辑。

1. 亲密感

与马斯洛需求层次论的"生理需要"相对应。

我听到很多父母抱怨孩子"越大越不听话了""越大越不好管了"。而且随着孩子年龄越来越大，"不听话""不好管"越来越困扰父母，甚至让父母陷于无边的焦虑之中。这个时候，一部分父母走进课堂学习改变，一部分父母仍自以为是地"我行我素"，孩子之间就会发生巨大分化，向"两极"发展。

按照生命生长的顺序和重要性，亲密感是最有力量、最底层的基础。先有关系，后有教育。要盖高楼，必先打地基。父母用力点要是错了，非常可能"满盘皆输"。父母和孩子建立起亲密感，就赢了人心、得了信任，教育做对了，效果就倍增。孩子感受到父母的爱，才拥有安全感和力量感，才能和父母之间建立美好而稳定的情感连接，通过很多建立亲密感的实践，孩子有成长，更自信，就更信赖父母，才会"听话"。

影响孩子亲密感的主要因素有：一是控制型父母和指责型父母。孩子长期不被赋予"重要人物"感觉，相反，却常常被命令、被要求、被指责。二是单亲家庭。孩子生命中缺少父母一方的影响，被"冷漠"、遭"遗弃"。三是不良夫妻关系。父母经常发生争执甚至吵架，孩子被"炮轰"、被"煎熬"。四是父母长期不在身边。或因工作忙或因生意忙，孩子被"遗忘"、被"忽视"。五是父母不当沟通。父母不善于微笑、爱的语言及接触。

如何建立亲密感？建立亲密感的最佳时期是三岁前，次佳时期延伸至整个小学阶段。如果在小学毕业前，父母没有让孩子感受到亲密感，可能今后就很难建立起来了。婴儿期是孩子一生中最弱的阶段，对父母最依赖，最需要父母的呵护。用以下四种方法建立亲密感。

第一，父母平和慈善的微笑。婴儿对"形象"印记最敏感，当他看到父母平和慈善的微笑，孩子感受到温暖，非常安心，很放松，便对父母产生信赖，感觉父母是最大的"靠山"。

第二，爱和肯定的语言。常对孩子说"妈妈爱你！""你能叫爸爸了，你语言天赋真棒！""你是上天派给妈妈的天使！"……孩子不能完全听得懂父母在说什么，没关系，生命规律告诉我们，孩子最初是凭感觉认识世界的。当孩子听到父母充满爱意和肯定的语言，以及看到父母表达时平和慈善的微笑，孩子就能感受到父母的喜欢和欣赏。

第三，爱的接触。给孩子温暖的拥抱，摸摸孩子的头，摸摸孩子的脸蛋儿，摸摸孩子的小手儿，拍拍孩子，亲吻孩子等等，这种爱的接触比语言、比微笑更有力量，让孩子感觉特别踏实。

第四，共同经历、日久生情。父母和孩子共同经历的机会非常多。比如日常家庭生活中每天送接孩子上学，一起做家务，一起学习研讨；比如节假日走出钢筋水泥的"城市笼子"，带孩子去大自然爬山、踏青，采天地之灵气，吸日月之精华，埋锅做饭，扎帐露营，看着夜空数星星；比如在寒暑假和孩子一起参加主流文化寻根研学营，游览名山大川，壮阔孩子胸怀格局，一起做社会公益等等。

我的孩子在五岁半之前，我和爱人就一起陪着他游历过五个国家和地区；到他大学毕业，我陪着他游历过一百座世界名城；共同经历太多了！能聊的话题太丰富了！欧洲艺术、北美风光、历史、人文、艺术、教育、美食、服装……我和爱人陪伴孩子的共同经历，让儿子充满自信，敢于挑战，力量感、掌握感特别强，支撑他完成学业，并在高端职场上与西方精英的竞争中，连连取胜。我的儿子已经31岁了，但和我及妈妈一直都是亲密无间。

和孩子有更多的共同历程需要高水准的设计。不能敷衍了事，不可以马虎而过。有的父母和孩子一起去游历，注重的是住高档酒店，吃山珍海味，几乎没有教育，这不仅耽误孩子的教育契机，若因为物质上的超满足，让孩子贪图享乐、不求上进，就适得其反了。通过科学的设计，在共同经历中既要有高级教育意义，还要寓教于无形之中，潜移默化，日久熏陶。

2. 安全感

与马斯洛需求层次论的"安全需要"相对应。

人的身心因内外部可能出现的危险、压力、威胁而形成的焦虑与否、恐惧与否的预感，称为安全感。安全感强的孩子，力量感就强，敢于挑战，越战越勇；安全感缺失的孩子，愿意哭闹，不愿承受学习压力，不愿与人交往，喜欢用暴力方式解决问题，常伴有情绪问题，有时外表看似很强大，实际上内心充满恐惧。长大以后，做事情就会前怕狼后怕虎，宁可无功但求无过，事不关己，高高挂起，不敢创新、不敢担当、不敢迎难而上。

造成孩子安全感缺失的主要原因有：影响亲密感的五方面因素都会影响到安全感。除此之外，父母常常揪着孩子错误不放或惩罚过于严厉，是造成孩子安全感缺失的一个重要原因；父母双方或一方在孩子满3岁前，长时间离开孩子，是造成孩子安全感缺乏的又一重要原因。下面介绍培养安全感的几个方法。

第一，高质量陪伴。三岁前是建立安全感最重要的时期。父母应和孩子生活在一起，孩子要和妈妈睡在一张床上，或在孩子满一岁后，睡在紧挨着妈妈大床的小床上；多给孩子爱的语言和接触；给孩子讲美好故事。

第二，带孩子做生活体验。如体验热水、用火、过马路等，体验越多，胆量越大。

第三，有难同当。我们在长期的教育研究中发现，孩子的问题几乎都是家长的问题。孩子不守纪律，是因为家庭教育太放纵；孩子厌学，是因为父母扼杀了孩子爱学习的天赋；孩子自私，是因为父母太溺爱；孩子学习不主动、好拖拉，是因为父母没有培养孩子责任感……父母有责任，而且是主要责任者,所以当孩子被老师处罚的时候,不和孩子有难同当,而是站到孩子的对立面,孩子还能有"靠山"了吗?父母也会失去孩子的信任。

第四,正确地为孩子纠错。孩子犯错误,是教育的最佳契机。比如,孩子从茶几旁边走过,不小心把玻璃杯碰掉地上打烂了,各位父母你会怎么应对?正确做法:第一步接纳,第二步同理,第三步总结,第四步承担。接纳是改变的开始,站在孩子的角度上感受他当下的感受,然后和孩子一起总结碰掉茶杯的原因,最后讨论承担的办法,整个过程都是心平气和地进行的,在前两步做好之后,孩子一定能感受到父母的宽容和爱,后面两步是分析问题、解决问题,通过这样一个错误,做对教育,却能培养孩子的高级逻辑能力。

3. 归属感

与马斯洛需求层次论的"社会需要"相对应。

一个人对自己归属于某个群体的心理感受,称为归属感。80%~90%的孩子有过离家出走的想法,为什么?因为孩子不认为家是他留恋的地方,家没有给他美好的感觉,一想到父母逼着他学习的情形——父母的脸色、指责、吼骂,孩子就觉得家无可恋,家是地狱,尽管离开家他觉得自己孤苦伶仃、无依无靠,但还是比回家要好,很多孩子因为没有归属感,走到社会上就学坏了,后果非常可怕。归属感缺失的孩子容易自卑,情绪不稳定,性格敏感,不愿意融入陌生群体,与人合作意识和能力较差。

家应该是所有家庭成员的港湾、乐园。要让孩子一想起自己的家,就有自豪感。放了学就想回家,因为家里有爱她的父母,轻易不会跟着其他孩子去网吧、去逛街，更不会因为学习压力大或他人的轻视而轻易放弃这个世界。归属感强的孩子，心里有"靠山"，自信心就大，阳光向上，敢于面对困难，思考力能得到快速提升。

造成孩子归属感缺失的主要原因有：一是父母语言暴力。"你怎么那么笨？""像头猪""你怎么总也学不会？"二是父母失和。经常吵架，孩子在家里时就常常吵。三是不良亲子关系。父母忙于生意、工作，没时间陪伴孩子。四是亲密感、安全感缺失必然造成归属感不强。下面介绍培养归属感的几个方法。

第一，良好的家庭氛围。孩子是棵小树苗，家庭应该是个"花园"，父母应该是好园丁。父母的爱是阳光，父母的专业度是"雨露"，如果常有"暴风雨"，孩子就会感到自己不属于这里，这里没有"阳光"和"雨露"。父母千万不要以为孩子小，他什么也不懂，大人就任性、为所欲为！孩子是24小时不关闭的摄录机，父母的一切情绪和言行他全部摄录在案。充满阳光雨露的家庭夫妻恩爱，情绪平和，语言温暖，没有厉声恶语，只有欣赏和包容，夫妻二人齐心协力高质量陪伴孩子、"哺育"孩子，多些亲子互动活动，多营造一些温馨家庭氛围，这个孩子长大后，就会很健康、阳光、自信。

第二，父母专业的教育。两岁的孩子故意把狗玩具扔到地上，自己又要从地上捡起时，如果听到父母责骂"你为啥要把玩具扔到地上？"尽管父母帮着把丢掉的玩具捡起来，但孩子已无法体会到真正的归属感，更体会不到探索新世界的乐趣。做父母的都曾发现过这样的情形：孩子痴迷地玩儿着一个玩具，突然就扔掉了，而且带着"嘎嘎"的笑声，过一会儿，他自己又把玩具捡回来了，可能一会儿又一次扔出去了……如果父母有较高专业度，就会懂得孩子在探索世界——他可能在想象，这个狗玩具能不能飞？抑或是他把地面当成了海洋，看看小狗狗会不会游泳……这个是时候，父母的正确回应非常重要！"太好了，狗狗会飞了！""哇！狗狗会游泳吗？"父母的欢欣猜想，会让孩子感受到探索的美好，父母的回应，会让孩子更愿意去想象。

第三，开好家庭会议。开好家庭会议是让孩子获得归属感满足最高级的方法。经过多年的实践，家庭会议每两周召开一次最好。

我国著名教育家傅东缨先生家里每年大年三十晚上四世同堂，全家人坐在一起总结这一年来每个人所做的最有成就的事，最后评选出全家的"十件大事"，这个"年终总结大会"坚持了几十年，儿孙们各自在不同的岗位越来越出色。我知道这个真实的故事后非常震撼！99.99%的中国家庭过年就是吃喝玩乐，而傅老的大家庭，通过总结"十件大事"，把过年的欢聚喜庆和家国责任、个人成长融汇起来。每年过年，没人盼吃喝、新衣服、压岁钱，儿女们不管在哪里工作、哪里出差，孙辈们不管是在哪里工作、哪里上学，都向往回到傅老身边，参加年三十的"年终总结大会"，这让这个家庭中的每一个成员都特别有归属感！堪称中国家庭教育的楷模啊！

下面是开好家庭会议的诀窍。

第一，做好仪式感。生活需要仪式，教育要找感觉。定时开，会前精心布置和准备，会后拍照留念等。

第二，感恩触感动。正式会议开始后，首先是每个人对这两周里得到了他人的帮助表达感恩，这个描述过程越细节越感人，在每个人表达自己对别人的感恩的过程，爱就在这个家庭流动起来了，爱在流动的时候常伴有泪花，很多亲子关系问题、亲密关系问题就在感恩环节烟消云散了。有感念才有感恩，有感恩才有感动。

第三，每人总结"我最自豪的一件事儿"。每个人把自己做的最自豪的一件事分享给爱人和孩子，让他们知道，让他们看见，收获他们的鼓掌、点赞，也给孩子做了好榜样。如果孩子被"看见了"，他就被爱滋润了，看见即是爱，孩子的内心会被爱充盈起来，流出来的当然也是浓浓的爱。每两周总结自己的一件大事儿，一年就可以总结出二十多件大事儿，可以想象一下，孩子会有怎样的成长！

第四，彼此给一个"小小的建议"。在每个人总结分享"我最自豪的一件事儿"之后，其他人要发表看法，以肯定、赞美为主调，同时，为了提升思辨能力、解决问题的能力，相互给一点建议，可以帮助对方更好成长。禁忌，在这个环节一定要注意语音、语调、表情、肢体动作，绝不可以"横眉冷对"，把家庭会议开成"批斗会"，不仅对培养孩子归属感无益，相反会让孩子有疏离感，给别人提建议"要像春天般温暖"。须知"良言一句三冬暖，恶语伤人六月寒。"

第五，研讨家庭事务。家庭是一个环境，培养孩子归属感一定要让孩子多参与、多付出。我们发现在一个家庭中谁付出得最多，谁最不舍得离开，这就是归属感。和谈恋爱一样，谁付出多，谁不忍心分手，这是人性。陶行知说"生活即教育"与此紧密相关。孩子越参与、越付出，他对这个家越有责任感，这个责任感就是爱学习的重要内驱力之一。在家庭会议上要研讨旅游计划、装修计划、采购计划，去超市实施采购一定要让孩子成为主力。

第六，合影、留念。要把照片洗出来，标清年月日，用精美的相框装

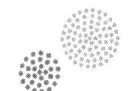

裱起来，挂在家中墙上，人天天看得见，便会想到开会的情形，因为有画面感。为什么要合影留念？奥地利心理学家阿德勒说"幸福的人用童年治愈一生，不幸的人用一生治愈童年。"当我们回忆童年的时候，我们记忆最深刻、最久远的东西一定是画面、声音和感受，这是潜意识接收。所以要想让孩子回忆过去的时候充满着美好的画面，浑身充满力量，那就多给孩子输入美好画面。

4. 价值感

与马斯洛需求层次论的"尊重需要"相对应。

一个人感受到自己的人格和能力在社会或组织中得到认可，称为价值感，是一个孩子眼中自己人生有没有意义的重要感觉。简单地讲，提升价值感，就是要让孩子感受到他有用。每个人的自我认知、价值目标、评价标准对价值感有很大影响。

以下是培养价值感的方法。

第一，赋予孩子责任。父母要舍得用孩子，让孩子担事儿，特别是让孩子帮助他人，是培养孩子价值感最有效的方法。艾瑞克森是一位催眠治疗大师，很小的时候就得了小儿麻痹症，当时被医生判定活不过三个月，因为他只有眼珠子能动。后来，通过眼睛能动这一点，激发了他活下去的决心，开始了漫长的自我训练，凭借自己强大的意志，让自己的全身都能动了。他活了过来，创造了生命奇迹。从此之后他发明了一种方法，就是找到一个人身上的闪光点，然后就可以激活这个人的生命状态。当他成为一个知名治疗大师之后，他朋友的姑姑得了抑郁症，朋友请他帮助，然后艾瑞克森就去了朋友的姑姑家里，他看到这位女士屋里一片死气沉沉，转完整个屋子，他在那个窗台上看到了一盆紫罗兰，开得特别的鲜艳，然后他就抓着这个机会说，姑姑你知道吗？你家里面这盆紫罗兰太漂亮了！如果全镇人的家里都有这样一盆紫罗兰，他们该多幸福啊！这一句话一下子说到了这位夫人的心目中。然后她就开始培育紫罗兰，培育好了就挨家挨户地送，直到整个镇上人每家都有一盆她培育的紫罗兰。人们感激她，并给了她一个浪漫的名字——紫罗兰夫人。她非常高兴，越来越愿意与人打交道，越来越愿意帮助他人，越来越受欢迎。因为她给别人送美好！就这样，她感受到自己的生命有意义，自己的行为有价值，她的抑郁症彻底康复了！

第二，原谅他人。一位爸爸答应和妈妈一起去接女儿放学，但因为计划中的事情没有办完，错过了接女儿的时间，只有妈妈一个人去接了，这位爸爸很愧疚、很自责。回到家见到女儿便道歉说："女儿，爸爸要向你道歉。"女儿说"怎么了老爸？"这位爸爸说："你看今早爸爸和你说好了要和妈妈一起去接你放学的，但是，因为时间没安排好，错过了接你的时间，所以爸爸现在很自责，对不起女儿。"女儿说："没关系的爸，你是因为工作太忙了！"这位爸爸很感动，"女儿，爸爸感谢你的谅解！"女儿稍一愣，哈哈笑着说："不用谢，原谅你了！"那一刻，这位爸爸看到女儿特别有价值感。因为宽谅别人，而获得认可。

5. 成就感

与马斯洛需求层次论的"自我实现"相对应。

给孩子成就感的最好方法就是父母正确肯定孩子。一是用表扬公式肯定。在下列12个方面给孩子肯定。表扬公式包括描述行为、描述结果、描述父母的喜悦和指引等三部分。一位妈妈的案例："上次妈妈和你讨论的单位那个事情，你帮妈妈出了一个主意，昨天，我按你的意见去和领导沟通了，得到了领导的认可，事情顺利解决了，妈妈心情特别好！你的思考能力真棒啊！"孩子听完后，特别高兴，然后对我说："今后有事儿找我"。二是认可"果"，强调"因"。一定不能过分肯定"果"。你这次考试名次进步了12名，妈妈为你高兴！你是怎样努力做到的？可能是更认真了，可能是刷更多题了，可能是和学霸处好关系获得帮助了……我们强调的"因"，就是给孩子的方向指引，希望父母在下列12个方面来强调"因"。

第一，肯定努力。这么多作业都做好了，你真努力。

第二，肯定态度。今天去学画画的时候，我发现你特别认真。

第三，肯定坚持。这件事挺难的，但是你没有放弃。

第四，肯定思考。你这个办法是很好的，你怎么想出来的呢？

第五，肯定习惯。我发现你每天写完作业，都把书包整理得整整齐齐的，这个习惯很好。

第六，肯定善良。爸爸看到你有帮助受伤的同学背书包。

第七，肯定独立。你是一个很独立的孩子，因为你都可以自己起床，不需要爸爸叫了。

第八，肯定勇气。上台发言真是挺难的，但我看到你很勇敢地去发言了。

第九，肯定诚信。说好每天只玩手机三十分钟，你说到做到，坚守信用。

第十，肯定细心。你还提醒爸爸带雨伞，你真是细心的孩子。

第十一，肯定领导力。你带着好几个小朋友排队荡秋千，你很会领导。

第十二，肯定责任心。出门的时候你一直拉妹妹的手，你真有责任心。

第九章
Chapter 9

孩子超越自我的思想机制

父母的认知，撑起孩子的天空；父母的高度，决定孩子的成功。

黑格尔说："人是靠思想活着的。"

笛卡尔说："我思故我在。"

《孟子》说："心之官则思。"

恩格斯说："地球上最美的花朵——思维着的精神。"

孩子超越自我的思想机制就是理性开发。理性，作为构成生命内核的三大要素——理性、情感、意志之一，其位在第一。无数名家、大师都对培养人的理性的重要性多有论述，可见其重要性。孩子受教育，首先是开发理性，只有当孩子懂得了为什么要学，才有可能全力以赴地去努力。孩子不爱学习，沉迷网络，浑浑噩噩，是对人生迷茫的表现，教育者有责任帮助孩子建立起正确的人生观。

理性分为科学理性和哲学理性，本章重点介绍哲学理性及其培养。

什么是哲学理性

理性是指人对事物分析、推理、判断、选择的思想能力。理性发展的目标是"求真"，不被虚妄蒙蔽，不被世俗诱惑。

哲学理性是指对天地人、大千世界根本规律的认识和运用，是高级理性，也叫高级逻辑思考能力，让人明心见性，是智慧范畴，而不是智力范畴。《礼记·学记》中讲："玉不琢，不成器；人不学，不知道。"这里的"道"指的是"天道",即恒常的规律。

人对客观事物的反应称为认知。认知越高,思想越有高度;思想越高级,认知提升越快。二者相互促进。

哲学理性有什么用

1. 对培养孩子树立正确的人生观有重要意义

人生观是哲学范畴,是人的"GPS"。"我是谁?""我要到哪里去?""我怎么能实现目标?"当一个人通过受教育、社会实践以及导师引领,使他的理性从智力层面升级到智慧层面,也就是升华到哲学理性的时候,他对世间万物会看得很"通透""很本质",能看到事物内在的真相,即格物致知。《礼记·大学》上讲:"物格而后知至,知至而后意诚,意诚而后心正,心正而后身修,身修而后家齐,家齐而后国治,国治而后天下平。" 认知正确才会产生智慧思想,人生观端正了,"修身"就会自动自发。

2. 对培养孩子社会适应性非常有利

《道德经》上讲:"天之道,利而不害;圣人之道,为而不争""上善若水,水善利万物而不争,处众人之所恶,故几于道"。这其中揭示的是天地人"大道"——善利万物、不争、处下。《道德经》上又讲:"天长地久。天地所以能长且久者,以其不自生,故能长生。是以圣人后其身而身先,外其身而身存。非以其无私耶? 故能成其私。"若父母在教育孩子过程中,能遵循天地运行规律,引导孩子只专注于修为自己,让自己成为最好的自己，无论在学习生涯中，还是在职业生涯中，都不需要和别人攀比，用自己最好的德才，贡献他人、贡献组织、贡献社会，活出人生真正的价值。这不正是教育孩子的大智慧吗？我们的孩子有了这种思维高度，将在社会、职场等任何人际关系里都游刃有余，活出真实自我，活出自由快乐。

3. 培养孩子成为卓越领导者的重要前提

各行各业都需要"专才"，各行各业都需要卓越领导者。一个卓越领导者必须具备三大关键素质和能力——见识、思维和表达。读过的书、走过的路、积累的经验属于见识；通晓天地大道，直达事物本质，找到事物意义，善去伪求真，能化繁为简，可转危为安，能化腐朽为神奇，常破死局于无解，扶倾厦于既倒，这是强大思维；能把自己的思想表达出来，引领一群人跟你走、跟你干，这需要强大的表达力，表达力就是生产力。而在卓越领导者三大素质和能力中，思维是核心。红色文化、经典文化是我们这个时代的主流文化，是培养孩子高级逻辑思考能力最好的养料。父母有意识地用红色文化和经典文化开发孩子的哲学理性，是孩子与天下精英顶峰相见的最快捷路径。

4. 为培养孩子"情感"和"意志"提供了保障

当孩子懂了自己"要成为什么样的人""要到哪里去"的意义的时候，很容易会明白只要想做一个优秀人才，都必须走过"学涯"这条路，哲学理性建立起来的"真知"即远大理想，会让孩子对学习产生情感，"热爱"是学好的重要保障；为了学好，孩子会以快乐心情和顽强意志力去面对学习上的困难，在克服一个一个挑战的过程中，享受学习成就感带给他的快乐！

理性、情感、意志的关系

生命犹如一粒种子，在这颗种子里边，理性、情感、意志构成了生命内核。

理性是指对天地万物、大千世界根本规律、不变道理的认知和运用。由低到高，它分为科学理性和哲学理性。情感是指人对外界事物的主观心理感觉和情绪，和理性一样，是构成人的精神世界的一个重要部分，依据动物属性和社会属性，它分为自然情感和审美情感。意志是指人自觉地调整自己的思想和行为，克服困难，实现预定目标的心理倾向和过程。意是意念，志是努力的方向。这三者构成了人完整的精神世界。

人最初都是靠感觉认知世界的。在理性开发的同时，我们发现孩子感受好、情绪好，好奇心就爆棚，更爱学习，能吸收更多东西，得到激励，就会更加努力。随着理性的开发，特别是当孩子懂得了努力进步的意义的时候，孩子对某一领域的学习产生"爱"的情感，他的学习就会进入自动自发阶段，且容易坚持很久，这就是意志。意志是从情感中分离出来的一种心理倾向，什么东西能让孩子坚定不移，是爱！什么东西能让孩子爱上学习、努力奋进？是理想！三者互相关联，互相生发，平衡依存。

如何快速地开发孩子的哲学理性

1. 必须用主流文化这个高级养料去滋养孩子

在优秀中华传统文化和红色文化中，蕴含着非常丰富的精神营养，是培养孩子"三观"最高级的养料；在中华优秀传统文化和红色文化中，有无数的圣贤和英雄事迹，为培养孩子提供了强大的精神力量，能激励孩子不怕困难、奋发向上。

2. 父母必须和孩子同学共修

父母认知高，思维联系广，经验积累多，在家庭中和孩子"团学"——分享研讨、交流感悟，因为信息对称，父母就可以在分享、交流彼此看法、感悟中，对孩子实行启发和引领，帮助孩子理性快速扩展和升级。可见，从科学理性到哲学理性的升级过程，父母参与进来，对孩子的培养非常有益。

3. 引导和激励孩子在学校加强历史和语文的学习

文史在学科教育中的地位在不断提升，英文的重视度有所下降，我认为这是对的！我们的孩子应该首先要学好的一定是母语文化。

4. 和游历、社会实践、解决实际问题相结合

哲学理性只有在实践中学习和提升是最快速的。无论是在学校里学习，还是在家庭中扩展，父母要坚持"三结合"，学以致用，方为大用。关于主流文化，有五大胜地可以支持孩子去游历或和孩子一起去游历，分别是井冈山、延安、韶山、北大、曲阜等。游历是情景中学，同时，父母和孩子多交流一些历史和社会现实，在历史和现实事物的基础上构建思维逻辑，特别是父母可以经常和孩子交流生活中的实际问题，放手让孩子去思考，谈认知，提出解决问题方案，再深入讨论。"两耳不闻窗外事"地培养孩子，是很难帮助孩子建立起哲学理性的。

5. 允许并倡导孩子"质疑""批判"

开发孩子的哲学思辨能力远远比正确答案更有意义。我们的教育在这个方面存在一定不足。老师要求"对上答案""一考定胜负"，没有时间让孩子们"胡思乱想""胡言乱语"，时间一久，孩子们的大脑就容易被固化！

第十章
Chapter 10

孩子持之以恒的信念机制

认真可学会；勤奋致业精；理想给指引；意志成远行。

在新的意识形态和经济形态下，如何重建道德价值体系？如何用社会主义核心价值观培养孩子？就落到了千家万户的家庭教育上，与孩子的成长、成人、成才、成功的教育过程密切相关。人性的道德光芒，必将再一次照耀中华大地，熠熠生辉。那些具有良好道德品质又才华横溢的年轻一代必将大有作为，成为下一个时代的社会推动者、掌控者。

什么是意志？

《心理学大辞典》是这样解释意志的概念的："意志是个体自觉地确定目的，并根据目的调节支配自身的行动，克服困难，实现预定目标的心理过程。"《新华字典》是这样解释意志的：意是意念；志，即志向，是对努力方向的坚持。意志是一种心理倾向，这种心理倾向在行为上表现为持久地坚持，就称为意志力品质。

道德，是人类才有的高级意志。是人类高级意志对低级意志进行规范和限制，并超越动物自然属性之上的一种发自于内心的自觉、自律和慎独，人的高级意志所形成的道德，其指向一定是善良天性，那就是人性之光辉。理性求真，情感求美，意志求善。

"人之初，性本善；性相近，习相远"。人类的同情心是与生俱来的，它是道德的源头，它是高级意志建立的基础。人性本善，但为什么长大后就有善恶之别了呢？是因为"习相远"，所以我们必须立足教育，"千古圣人，教化为根。"正确的教育可以让孩子的生命释放人性光辉，错误的教育可以把我们的孩子送上歧途。

意志的作用

1. 意志，可以决定行为

很多人读过《红岩》，江姐饱受酷刑折磨，但意志不折！我们常人无法想象当竹签钉进她的手指，那种疼痛怎么可以忍受得住！是什么精神让她能临危不惧、强忍痛苦、大笑着面对死亡？我们知道那是因为信仰。如果不是有坚定的信念，哪有强大的意志？如果不是有强大的意志，谁能忍受那非人的苦难！

1979年，我九年级毕业第一次参加高考。那年内蒙古地方规定：考高中就不许考大学，考大学就不许考高中。我的校长和老师都劝我：你是咱们学校学习最好的，学校给你安排数理化语文政治五位老师教你一个人，往前抢，你直接考大学。不知道外面的天有多大、外面的竞争对手有多强，我听从校长和老师的善意安排（那时的升学和他们收入无关，他们只为荣耀而战！），走进了"翻身改命"的高考考场……1979年内蒙古高考允许"漏中专"，可我的高考成绩离中专录取线还差9分。高考落榜了，农村人的流言蜚语开始悄悄传开……

我想要做"天之骄子（人们当时对大学生的美称）"的决心没有丝毫动摇。内蒙古贫困地区一个10口之家，特别缺劳动力（农民），家里负担不了我的学费，我必须开始"半农半读"的人生！每天和社员（农民）们一起干农活儿，干半天农活儿，学半天习，晚上步行往返二十里路去城里高中办的高考补习班去上两节课。15岁的我，做了农民，拿起锄头和成年人一起铲地，对于我，那根儿垄怎么那么长？怎么也铲不到头儿！收割黄豆，翻遍家里找到了两副线手套，如获至宝一样，戴在手上。黄豆成熟后，每个豆荚两端都是硬硬的尖角，很容易扎到手，可我戴两副线手套还是常常被扎得血淋淋的，疼痛难忍……严寒酷暑、冰天雪地、大雨滂沱，苦难没有改变我的心智，却让我更加坚强！1980年我第二次参加高考，"漏"上了中专，我放弃了，我的农村老师很可惜，"中专就是国家干部了"！第二次高考又落榜了。

　　1981年我第三次参加高考，"漏"上了大专，我的农村老师都喜出望外，我们村子终于出现了一位大学生！但我还是不想去，我告诉身边的人，我要继续考，直到考到25岁不允许再考了。这一生我一定要上一个本科大学！农村学校的校长找到我，"你来教学吧，做一个民办老师，将来有一天会转正（城市教师待遇）"，我拒绝了！屡战屡败，却让我愈挫愈奋。

　　第三次落榜之后一年，我被城里一个"高考备战班"录取了（录取接近分数线的高考漏儿），读起了"全日制"学校。我每天晚上十点钟睡觉，早上四点钟起来，凉水洗洗脸，便拿着书跑到离村二里地的河套里背书，六点跑回家，吃上一个苞米面的大饼子，便步行去城里上学……春夏秋三季在学校学习、在野外学习，学习不感觉苦；冬天就很难熬了，我家是三间土房，两铺炕，10口之家，没有我学习的地方，停在仓房奶奶的寿材（仓房是放农机具的地方，四处透风）成了我的"书房"，这书房不大，却承载着一个农村孩子的全部梦想！我打来乌拉草，用木榔头把乌拉草捣柔软，放在奶奶的寿材里，寿材旁的凳子上点一盏电石灯，很亮，内蒙古大兴安岭的南麓，三九天零下四十度，我就睡在仓房奶奶的寿材里。

1982年，我第四次走进考场，最终，我以超过分数线65分的成绩，考进了梦想的殿堂！四十多年过去了，我仍是村子唯一的一个本科大学生……

意志以认知为前提。一个人决心要做成一件事情，比如一个孩子决心要考高分，他必须首先要清楚各科知识、技能形成的原理，比如数学要考高分，你必须认识到要掌握好基本原理、基本知识，并且通过大量刷题提升技能，在这个正确认知前提下，你下定决心通过努力考到高分才是可能的。很多孩子也想考高分，有这种心理活动倾向——意志，但不愿意多做题、多练习，而是找老师提前补课，校外先学一遍，到学校课堂上再学第二遍，由此取得不错的分数。很显然，孩子对如何拿高分的认识是错误的，暂时拿来高分也是没有意义的，而且"劳民伤财"。所以，在学科方面，父母教育孩子首先要做的不是通过提前训练或不断地补课让孩子考高分，而是首先要让孩子懂得如何才能学习好的道理、规律。没有正确认知，却下定决心去行动，都不会有好结果。更重要的认知是：人为什么要好好学习？人生的意义到底是什么？这种高级认知只来自家庭教育，不是来自学校的学科老师的知识教育。

2. 意志，可以影响认知活动

科学家身上最好地体现了意志的作用。一个科学工作者，立志为科学献身，通过亲身的学习和实践，通过观察导师的科学研究，通过读书学史以及导师指点，科学家会积极主动地去思考问题，对传统科学或新的探索进行推理假设，并通过实践不断地去验证自己的判断，经过长期的实验、实践，终于有一天一篇创造新知识、新技术的科学论文横空出世了！科学家的意志，使他在将理性知识用于改造客观世界的探索中，创造了对客观世界新的认知。孩子学习好不好，和他的心理倾向关系非常紧密。如果有了理想，有了实现理想的坚定信心，孩子很容易克服学习上的困难，甚至没有困难，他的人生总是享受着成功挑战所带来的喜悦。如何让孩子早日建立起一种卓越的心理倾向，靠这个意志支撑孩子去努力奋斗。

3. 意志对情感有调控功能

很多得了癌症的人，当他听到得了癌症之后，意志垮了，导致免疫力更快速降低，结果是生命离开得更快了。我的一位朋友，52岁官至集团公司副总，在当年体检中查出了癌症，大家都知道企业发展压力很大，加班加点都是家常便饭，夫妻俩一商量，决定提前退下来，在沈阳棋盘山下买了个小农家院儿，每天和爱人去爬山，喝山泉水，在农家院里盖了个种菜的大棚，100多平的农地，种了十几种蔬菜、苞米、向日葵等，吃绿色食物，喝大自然的水，读书、喝茶、听音乐，每天都过得特别快乐。因为他认为自己过一天就多赚了一天，更加珍惜！而快乐是提升免疫力最好的"药"。六个月后，去医院复查，癌细胞竟然消失了！有时科学也无法解释一些现象，也许坚强而乐观的态度让他战胜了病痛。心理强大的人，不怕困难，越战越勇，他不会逃离，更不会放弃，"战斗到胜利"是他的座右铭。高昂、奋进、追求卓越；他不苦、也不累，而是奋斗并快乐着。想想看，如果我们能帮助孩子建立强大的心之力，通过读书、训练，把孩子的意志力品质培养成功，我们还担心孩子不爱学习吗？

当然，情感过程对意志过程有很大影响。积极向上的情绪可以鼓舞意志,激发战斗力;反之,悲观消极的情感会削弱人的战斗力。所以父母教育孩子要专业地运用理想的能量、榜样的能量、沟通引导的能量,让孩子爱上学习,他就会对学习产生强大意志。因为,任何人都会为爱而努力,随着理性的开发,特别是当孩子懂得了努力进步的意义的时候,孩子对某一领域的学习产生"爱"的情感,他的学习就会转变为自动自发,不惧困难,一路向前,这就是意志。意志是从情感中分离出来的一种心理倾向,什么东西能让孩子爱上学习?是"认知"!什么东西能让孩子动力十足地学习进步?是"理想"!什么东西能让孩子坚定不移地努力奋斗?是"使命"。

如何培养孩子的意志力?

1. 目标指引

通过读书学文史、游历见世面以及大量的实践体验,培养孩子树立正确的人生观,树立清晰的人生目标,这能极大地激发孩子的意志力,当在学习上、生活中、人际关系里出现困难和障碍的时候,因为目标的引领,孩子不会惧怕,底气十足,战胜一个难题,信心增加一倍,他的意志力会变得更强大。

2. 基础认知

从孕教开始,父母在观念上就必须高度重视孩子的培养。整个小学毕业前的教育,都要以开发人、育人为教育目标,通过给孩子大量地讲、带孩子大量地尝试、多元探索、多元实践,让我们这个世界多维度的、正能量的信息多刺激孩子，解决孩子对事物的基础认知问题。在孩子上小学后，父母要给孩子讲每个学科的产生历史和当今价值以及学习方法，增加孩子对学习的认知。已获得的知识和经验多，就更有利于孩子吸收新知识，这是个学习规律。

3. 培养高级逻辑思维

从大自然的一草一木，到家务洗衣服做饭，再到每一个学科的意义及学习方法，这是低层次的认知。教育孩子要不断地提升孩子的认知高度，培养他高级逻辑思维能力，高度决定视野，视野决定态度。当孩子站得高、看得远的时候，他看一切困难都不是困难，成长中面临的一切问题都是他可以游刃有余地解决，他就会信心更满，意志更加坚强。

4. 行为训练

行为可以改变情绪，情绪可以影响意志，所以培养孩子意志力品质，可以通过科学的行为训练来实现。

第一，围绕"3-5-7"学动力教育系统，每天和孩子同时读同样的书20分钟，然后团学分享。"3-5-7"学动力教育系统的内容都是"高营养"，孩子乐于学；父母和孩子同学共修有利于孩子坚持；同时，通过彼此团学分享，父母凭借专业的、系统的教育智慧，去激发孩子、引领孩子，建立高级逻辑思维，树立远大理想，孩子就会越来越懂事，越来越明白自己该干什么，坚持的习惯就慢慢养成了。在读书中培养孩子意志力，形成了一种精神品格。人一旦在某一领域形成精神品格，他在所有领域就都具有意志力。所以父母培养孩子意志力，一定不要在多方面同时要求，那样孩子会很崩溃，因为他做不到。一段时间内只聚焦在一件事情上，通过父母带动、言传身教、同学共修，这样来培养孩子意志力品质就会很容易。

　　第二，苦难体验。"故天将降大任于是人也，必先苦其心志，劳其筋骨，饿其体肤，空乏其身，行拂乱其所为，所以动心忍性，曾益其所不能。""不吃苦中苦，难成人上人"！苦难是最好的老师。我在内蒙古极其贫困的山村里，连续四年参加高考，冬天零下四十多度睡在仓房奶奶的寿材里；家里没有钱支持我上学，我要翻山越岭砍柴卖到城市里，近处的山上已经没有树木可砍了，我必须拉着人力车，翻三座山梁，那里的山上柞树桦树很多，在山上砍了柴，七八棵柞树桦树捆成一捆，拖到山下装车，爬山坡时，把一车柴拉到山顶，我不能走直线，因为没有那么大力气，必须要走"之"形线，所以山路就更显得"漫长"，套在我肩上拉车的绳子，深深地陷进我已经很瘦弱的皮肉里，留下红红的血印，变成了茧……吃过这样的苦难，让我后来的人生，就不再有苦难，苦难已让我变得强大，苦难让我变得从容。正如唐朝诗人王勃在《滕王阁序》中所言："穷且益坚，不坠青云之志。"今天，谈到让孩子吃苦，吃我那样的苦他们已经没有机会了，但什么时代都可以做苦难教育。我儿子八岁的时候，我把他送到了农村同学家里和他们"同甘共苦"半个月，我去接他离开的时候问他的感受，他说："爸爸，我永远不会过这种日子"。那就去努力学习吧，只有学习能改变命运。做农耕体验、到贫困地区生活、支教、扶贫都可以设计成孩子的苦难教育项目。

　　第三，军事训练。主要是国防教育、军事训练内容。两天两夜的军事训练，给孩子种下红军信念坚定、不畏艰险、不畏牺牲的精神心锚，体能训练、团队凝聚、激烈战斗、救死扶伤、长途奔袭、安营扎寨、埋锅造饭、闪电撤离、团学分享、多元评价……这种从灵魂塑造到行为改变的系统性军事训练，如果持续进行，将对培养孩子爱国心、报国志以及综合精神品质大有益处。

第四，体育运动。柏拉图说："体育和音乐是培养理想公民最重要的两极，体育使人坚韧不拔，音乐使人精致文雅。"苏霍姆林斯基说："我们力求使学生深信，由于经常的体育锻炼，不仅能发展身体的美和动作的和谐，而且能形成人的性格，锻炼意志力。"孩子通过持续的体育运动，练就美而强健的体魄，才能承载学习和生活的"重负"。我提倡团队竞技运动，它能给孩子带来最大的收获。除了健美的身体外，还能培养孩子的责任感、意志力、挑战精神、团队精神、高级逻辑思维、沟通表达能力，等等。

抗挫能力测试

1. 面临问题时，你会：

    A. 知难而进；B. 找人帮忙；C. 放弃目标

2. 你对自己才华和能力的自信程度如何？

    A. 十分自信；B. 比较自信；C. 不大自信

3. 每次遇到挫折，你都能：

    A. 大部分都能自己解决；B. 有一部分能自己解决；

    C. 大部分解决不了

4. 在过去的一年中，你遭受几次挫折：

    A. 0—2次；B. 3—5次；C. 5次以上

5. 碰到难题时，你：

　　A. 失去自信；B. 为解决问题而动脑筋；C. 介于A、B之间

6. 产生自卑感时，你：

　　A. 不想干工作；B. 立即振奋精神去干工作；C. 介于A、B之间

7. 困难落到自己头上时，你：

　　A. 厌恶至极；B. 认为是个锻炼；C. 介于A、B之间

8. 碰到讨厌的对手时，你：

　　A. 无法应付；B. 应付自如；C. 介于A、B之间

9. 工作中感到疲劳时：

　　A. 总是想着疲劳，脑子不好使了；B. 休息一段时间，就忘了疲劳；C. 介于A、B之间

10. 有非常令人担心的事时，你：

　　A. 无法工作；B. 工作照样不误；C. 介于A、B之间

11. 工作进展不快时，你：

　　A. 焦躁万分；B. 冷静地想办法；C. 介于A、B之间

12. 面临失败，你：

　　A. 破罐破摔；B. 使失败转化为成功；C. 介于A、B之间

13. 工作条件恶劣时，你：

　　A. 无法干好工作；B. 能克服困难干好工作；C. 介于A、B之间

14. 上级给了你很难完成的任务时，你会：

　　A. 顶回去了事；B. 千方百计干好；C. 介于A、B之间

结果分析：1-4题：A 2分；B 1分；C 0分；5-14题：A 0分；B 1

分；C 0分。

得分在0-8之间：说明抗挫折能力很弱。

生活中比较普遍的挫折也能让你备受压力和烦恼，让你感觉自己的生活很糟糕。你需要提升自己的抗挫折能力，遇事当机立断，不要左顾右盼；不要过分计较个人得失；在学习、工作和生活中处理好人际关系，不要勾心斗角；遇到痛苦和积怨，不要抑制自责，要善于转移和分散注意力，必要时可大哭一场；遇到烦恼和心理矛盾时，主动找知心朋友谈心请求帮助。

得分在9-18之间：说明虽有一定的抗挫折能力，但对某些挫折的抵抗力薄弱。

你可能对于首次遇到的挫折没有很好的处理方法，但是在多次经历后就会快速了解如何处理。在遇到挫折时，特别是自己无法解决时，可以主动求助于知心朋友，千万不要压抑，怨天尤人，而将情绪表达出来，转移和分散注意力会让你更好地对抗精神压力。

得分在19-28之间：说明抗挫折能力很强。

你拥有乐观豁达的良好情绪，积极向上的人生态度，这有助于你消除受挫情绪，提高自信心，对抗精神压力。

第十一章
Chapter 11

阅读和游历为孩子提供充足的养分

拉开人和人层次距离的是见识。

我们说阅读是孩子精神发育不可替代的、极其重要的养料来源。人的一生直接体验毕竟非常有限，80%以上的知识和文化都来自间接经验，就是靠阅读和游历见世面获得。毛主席主张人的一生一定要读两种书——"有字书"和"无字书"，有字的书指书本；无字的书指的是游历见世面和亲身实践，就是把书本上读来的东西，用到实践中去。

联合国教科文组织在1995年的巴黎总部会议上，把4月23日确定为世界读书日。一个节日能够成为世界共同的节日，可见这件事一定相当重要！为什么把4月23日确定为全世界读书日呢？这与一幅名画有关，这幅名画叫作《圣乔治屠龙记》。一条恶龙要伤害一个公主，就在这种千钧一发之际，圣乔治骑着战马冲上来了，挥舞着战刀，斩杀了这条龙，把公主给救下来了。公主非常感恩，就送给圣乔治一本书做纪念。从此，书就象征着胆识、象征着力量、象征着智慧，这个故事就发生在4月23日。同时，把4月23日定为世界读书日，还和两个人有关系，一个是塞万提斯，一个是莎士比亚。塞万提斯是西班牙人，《堂吉诃德》就是塞万提斯的作品。在西班牙人眼里乃至在欧洲人的眼里，塞万提斯相当于中国的孔子，他是大文豪，有圣人的称谓，他是4月23日去世的。非常巧合，另一位大文豪莎士比亚的出生日和去世日都是4月23日。因为一幅名画，为了纪念两位文化巨匠，所以联合国教科文组织就把4月23日确定为世界读书日。

阅读和游历的好处

余秋雨说："阅读最大的理由是想摆脱平庸，早一天就多一份人生的精彩；迟一天就多一天平庸的困扰。"爱读书的家庭称为"书香门第"，阅读是家庭教育的职责。读书和游历相结合，游历过程的信息刺激，非常容易引起孩子读书兴趣。这样读书，对于帮助孩子建立高级逻辑思维、培养丰富美好的心灵以及高尚的道德灵魂，非常有益。

1. 阅读和游历能开发孩子理性、提升孩子智慧

培根说"读书使人明智"，他还说"读书可以改变人性"，使人的心灵、人的道德、人的灵魂能够得到完善。高尔基说"书籍是人类进步的阶梯"。

阅读是在书中领略世界，而游历是亲身用脚丈量、用眼睛看世界。通过在书中读、在游中悟，开发孩子高级理性、提升孩子人生智慧最高效。

2. 阅读和游历能改变孩子意志、升华孩子灵魂

在书中见识历史、见识世界；在游历中去体验、去感受。人的意志会变得更高级，灵魂会得到升华。

有一本书叫《巴黎圣母院》，男主人公叫卡西莫多，是巴黎圣母院上的敲钟人。卡西莫多是个弃婴，身体条件非常差，长相怪异，奇丑无比，但他有一颗善良高尚的心，尽管没人认可，没人祝福，他依然对浪漫爱情充满幻想，他勇敢地保护爱斯梅拉达，虽然这种爱情无法给他带来快乐，相反还让他陷入了极度的精神困惑，他怕自己的丑陋吓到爱斯梅拉达，面对爱斯梅拉达被判绞刑的情形，他为自己无能为力而深感沮丧，愤怒之下他把收养他的副主教推下教堂……他来到爱斯梅拉达的墓地，抱着少女的尸体死去了，然而，在这场以克洛德为代表的黑暗势力的"摧残"下的爱情中，卡西莫多的人格得到了升华。如果读了这本名著，再去巴黎圣母院亲身感受一下，走进那森然、宏伟的教堂，你的脑海里就会出现书中的画面，那是往灵魂上"刻录"的一个过程，在这个过程中，每个人的心灵都会得到升华。

3. 阅读和游历能激发孩子情感、丰富孩子心灵

我倡导读书要系统化。读过《少年毛泽东》，看过《东山学堂》，再亲身到湖南湘乡东山学堂校园去体验一下，人的心灵会受到撞击、得到震撼。

2021年暑假，中国著名家庭教育专家卢勤老师邀请我合作"中国少年演说家"训练营，我的课上要讲三首伟人毛泽东诗词，其中一首是《十六字令三首》，诗词的历史背景是湘江血战，湘江血战我们红军死了3万人，非常惨烈！岳王庙段的湘江上，漂满了红军的尸体，当地百姓"三年不食湘江鱼，十年不饮湘江水"，可见战斗惨烈到什么程度！在我讲述的过程中，坐在最前边第一排的一个7岁的小男孩儿，边记笔记边哭，泪水止不住地流，他的心灵被深深地震撼了！

一个人读书少，游历少，也会有爱恨情仇，但他的情感会是简单、苍白的，很难有感同身受、刻骨铭心。

4. 阅读和游历能增长孩子见识、培养孩子理想

一位哲人说：拉开人和人最后距离的因素是见识。在书中品味历史、感受英雄人物；在游历中见识历史、思量自己未来。在这阅读和行走中，孩子会心生向往，树立起远大理想。

我15年坚持用读书带动游历，用游历引导读书。每次游历出行前都留阅读内容，一方面让参加游历的所有成员在出行前就对所要游历的内容有更多了解，另一方面也因此"吊"起参游者的"胃口"，充满期待。读了书，再身临其境，"文"最容易"化"。

阅读该怎么读？

根据孩子年龄阶段，我提出阅读的类型。

1. "书香门第"三类书

第一，熏陶类书。是用来熏陶的，不一定要系统地读，常常是在某种心境下，像随手书一样，拿出来翻翻，比如《二十四史》《资治通鉴》等。

第二，工具书。是用来查阅的，不必系统读，比如《康熙字典》《百科全书》等。

第三，必读书。比如兴趣类的书等。

必读书之一是兴趣类的书。孩子对什么东西感兴趣，就立即开始读什么样书，父母"给养"必须及时，因为孩子感兴趣的东西才能最有力地刺激神经发育。孩子兴趣一变，阅读的书就跟着变。孩子不感兴趣的书不能"硬"读，否则就会损伤好奇心和学习意志。

必读书之二是主流文化方面的书。在全素质教育中，重中之重是生根教育，生根就是培养学动力，最高级的养料就是主流文化。一旦根扎下去了，孩子就会自动自发。

2. 如何阅读效果最好？

就阅读论阅读，需做到心、眼、脑、嘴、手并用，并要持之以恒，则效果最好。前些章涉及过，他人书中也多有论述，在此不再赘述。我试图把阅读作为培养优秀孩子的一个综合手段，站在这个高度来讲阅读效果。

第一，父母和孩子同学共修。靠孩子自己读书而爱上读书的孩子很少。

第二，阅读和游历相结合。缺少画面感的阅读很容易忘记，更不容易"化"成孩子的精神品格。

第三，用"讲"带动阅读和游历。费曼学习法有个观点：教是最好的学习方法。引导孩子给父母讲，给同学讲，并把孩子读和讲的情景扬出去，会赢得很多亲朋好友的点赞，并且把获赞情况告诉孩子，孩子会得到巨大激励。

第四，阅读、游历和践行相结合。宋代伟大诗人陆游《冬夜读书示子聿》中有两句诗："纸上得来终觉浅，绝知此事要躬行"，告诫儿子凡是学问一定要躬身践行。知而不行等于不知，做，才可能成为。把所学、所闻、所见付诸行动，"化"得才最深刻。

东西会通的三大类游历

世界那么大,哪里都想去看看。但是,孩子的时间是有限的,父母的时间更是有限,家庭的财力也是个很大的决策因素。如何花最少的时间、最少的钱,获得最大的游历收获?我告诉大家今生必有的三大类游历。

第一类是中国主流文化寻根游历地:井冈山、延安、韶山、北大、曲阜。一个孩子从4-5岁开蒙教育到18岁,上述5个地点应该游历一两遍;

第二类是国内外著名大学。如北大、清华、哈佛、剑桥、多大、UBC等。

第三类是国内外著名博物馆、著名美术馆以及孩子兴趣方面的专业馆。如中国军事博物馆、中国历史博物馆、大英博物馆、卢浮宫等。

如何在游历中获得最大收获?旅游和游历大不同。旅游重在"行走",边行边看,走马观花;而游历重在"历",即经历,也就是"穿越"古今受教育,重在教育,因而国家把游历称为研学。怎么游历收获最大?游历和读书相结合;游历和表达相结合;游历和榜样影响相结合;游历和名师指引相结合。这"四结合"是核心竞争力,给予家庭最大收获。

读万卷书不如行万里路。要读有字书,更要如鲁迅所说:"用自己的眼睛去读世间这一部活书"。孩子的身心要么在教室里,要么在路上。

第十二章

Chapter 12

高情商让孩子的人际关系更融洽

智商只是成功的基础,情商才是成功的关键。

1921年，斯坦福著名心理学教授特尔曼带领他的团队开始了一项非智力研究实验，60年后发布的结果令人震惊！特尔曼团队选择了1528名智力超常儿童参加这项实验，这些孩子的智商都在130以上，经过几十年的跟踪调查发现：其中一部分人很成功，而另一部分人平平庸庸。分析这两部分人的人生成就为什么差别巨大，原因是很成功的那部分人，他们坚毅、自信、进取、乐观、一丝不苟，而这些因素都不属于智力范畴。

1960年，英国人格心理学家米歇尔在斯坦福大学附属幼儿园里做了一个著名的"软糖实验"，他选择了一群4岁的孩子，大多是斯坦福大学教职工及研究生的子女。他把孩子们带到试验场——每人一间小屋子，屋子里有一把小椅子和一张小桌子，周围很安静。实验人员给每个孩子面前的桌子上都放了一颗糖，并告诉孩子："老师出去办点事儿，20分钟就回来，如果在我回来的时候，你没有把桌子上的糖吃掉，老师就再奖励你一颗，如果没等到老师回来，你就把桌上的糖吃了，就不再给了，你就只能吃到这一颗糖。"诱惑难耐，屋子里的摄像机记录了孩子们的各种表现：从开始时的淡定，到后来眼睛盯着糖、抓耳挠腮、焦虑、闭眼、碰一碰又缩回了手、扒开糖纸舔了舔又包上……三分之一的孩子最终没忍住吃掉了那颗糖，三分之二的孩子坚持住了，最后得到了两颗糖。十几年后，要上大学了，研究人员发现：吃到两颗糖的那些孩子，他们自控力好，处理问题的能力强，坚强勇敢，乐于挑战；而选择吃一块糖的孩子，他们多表现为犹豫不定、多疑、妒忌、神经质、好惹是非、任性、受不了挫折、自尊心容易受伤。后来，这个实验又持续了几十年，事实证明：那些有耐心等待吃两块糖的孩子，他们在事业上比那些不愿意等待的孩子获得了更大的成就。

20世纪90年代，西方学术界提出了"情商"这个概念。1995年，哈佛大学心理学家丹尼尔·戈尔曼教授出版了《情商：为什么她比智商更重要》，系统地阐述了情商理论。

情商就是情绪管理能力。它包括：自我情绪认知及管理、他人情绪认知及引导、抗挫能力、快乐能力以及人际沟通与团队合作五个方面内涵。自我情绪认知和管理的前提是自我意识。就是对自己情绪状态及其变化能够敏感地觉知，能及时地对自我情绪进行管控。

情商和智商的关系

1. 智商是成功的基础，情商是成功的关键；
2. 情商对智商起引导和支配作用；
3. 智商高情商低是人际关系冲突最要害的因素。

低情商人的18种表现

父母要教孩子远离低情商的孩子。我们的孩子怎么能知道同学中哪个人是低情商呢？方法就是父母掌握低情商现象，通过和孩子聊交友情况，进行判断和引导。经过十多年的研究，我总结了低情商人的18种表现。

1. 思维负面，负面情绪主导意识；
2. 以自我为中心，不考虑他人；
3. 我行我素，指手画脚，不合群；
4. 缺乏宽容和忍耐精神；
5. 说话好"揭短儿"；
6. 自我封闭，孤僻，怪异，猜疑；
7. 自卑，脆弱，不能面对挫折；
8. 急躁，好发脾气，好脾气留给外人，最差的脾气对待亲人；
9. 自控力差，具破坏性；
10. 注意力不集中，只在意自己说什么；
11. 有各种恐惧的幻想；
12. 总对自己不满意；
13. 自私，不愿意帮助别人；
14. 霸道，老想说"上句儿"，事事不让人；
15. 责任心差，好事往前抢，坏事往后躲；
16. 凡事斤斤计较；
17. 过度依赖，必须要人扶持，没有自我；
18. 不顾对方感受的"率真"，能伤人。

培养高情商孩子的17种方法

人际关系如水,高情商的孩子如鱼。不仅要培养孩子有远大理想,有优秀才华,还要培养高情商以及优秀的表达能力,才能让孩子在人际关系大河中做到"如鱼得水"。培养高情商孩子有很多方法,下列方法简单有效。

1. 通过正确的教育,让孩子的理性得到充分升级,抑制遗传因素负影响;

2. 从做家务开始,培养孩子生存技能;

3. 用音乐、美术熏陶;

4. 用延迟满足、少满足、拒绝满足,培养忍耐力和自控力;

5. 不包办、不代替,培养孩子责任感;

6. 团队成长,在团队中获得激发或榜样影响;

7. 游历见世面,开阔眼界,放大格局;

8. 正教育激发,培养自尊心;

9. 苦难体验,培养抗挫能力;

10. 教会孩子同理心;

11. 教孩子懂礼仪、乐奉献,培养合作意识;

12. 至少培养一项运动爱好,培养意志力、挑战精神、协作精神、爆发力等精神品质;

13. 应用长辈角色，教孩子爱父母；

14. 树立一个好榜样，特别是父母一定能起示范作用；

15. 通过社会实践，多接触社会，经风雨见世面；

16. 激发孩子好奇心，培养探索精神；

17. 增加孩子领袖气质，训练孩子的表达与沟通能力，通过觉察他人，照见自己等等。

融入团队的三个制胜法宝

人的本质是关系。伟大的哲学导师马克思在《关于费尔巴哈的提纲》中说："人的本质并不是单个人所固有的抽象物。在其现实性上，它是一切社会关系的总和。"特别是在科技非常发达的今天，人们已经不可能独立地在某一个领域获得突破，必须要靠多领域合作。美国总统撰稿人丹尼尔·平克在他的《全新思维》中讲，未来人要想获得伟大成就，必须具备"交响能力"，即整合能力。人必须要"多才"，还要与人合作。

教育孩子拥有卓越的人际关系能力必须掌握的三大法宝。

1. 乐付出

做树叶儿——吸收二氧化碳，呼出氧气，特别是刚刚进入一个团队，能否付出、贡献给团队，这是团队是否选择你的最重要条件。

2. 有能力

团队不需要"滥竽充数"，团队追求系统效率，"一个萝卜一个坑"，你必须有能力担当起重任。

3. 善表达

表现情商高最直观、最经常的方法就是"能说会道",如果一个人不善于表达,那么,他就不能给团队和谐带来更大的积极作用以及对外扩大团队影响力。微软的创始人比尔·盖茨亲自推介公司理念和产品,华为轮值董事长亲自推介公司理念和产品,格力董事长董明珠亲自做广告、直播带货,他们都是善表达的高手。

情商自我测试

一共33题,测试时间为25分钟,最大EQ为174分。

第1~9题:请从下面的问题中,选择一个和自己最切合的答案。

1. 我有能力克服各种困难:_____

    A. 是的　B. 不一定　C. 不是的

2. 如果我能到一个新的环境,我要把生活安排得:_____

    A. 和从前相仿　B. 不一定　C. 和从前不一样

3. 一生中,我觉得自己能达到我所预想的目标:_____

    A. 是的　B. 不一定　C. 不是的

4. 不知为什么,有些人总是回避或冷淡我:_____

    A. 不是的　B. 不一定　C. 是的

5. 在大街上,我常常避开我不愿打招呼的人:_____

    A. 从未如此　B. 偶然如此　C. 有时如此

6. 当我集中精力工作时，假使有人在旁边高谈阔论：_____

　　A. 我仍能用心工作　B. 介于A、C之间

　　C. 我不能专心且感到愤怒

7. 我不论到什么地方，都能清晰地辨别方向：_____

　　A. 是的　B. 不一定　C. 不是的

8. 我热爱所学的专业和所从事的工作：_____

　　A. 是的　B. 不一定　C. 不是的

9. 气候的变化不会影响我的情绪：_____

　　A. 是的　B. 介于A、C之间　C. 不是的

第10～16题：请如实选答下列问题，将答案填入右边横线处。

10. 我从不因流言蜚语而气愤：_____

　　A. 是的　B. 介于A、C之间　C. 不是的

11. 我善于控制自己的面部表情：_____

　　A. 是的　B. 不太确定　C. 不是的

12. 在就寝时，我常常：_____

　　A. 极易入睡　B. 介于A、C之间　C. 不易入睡

13. 有人侵扰我时，我：_____

　　A. 不露声色　B. 介于A、C之间　C. 大声抗议，以泄己愤

14. 在和人争辩或工作出现失误后，我常常感到震颤，精疲力竭，而不能继续安心工作：_____

　　A. 不是的　B. 介于A、C之间　C. 是的

15. 我常常被一些无谓的小事困扰：_____

    A. 不是的　B. 介于A、C之间　C. 是的

16. 我宁愿住在僻静的郊区，也不愿住在嘈杂的市区：_____

    A. 不是的　B. 不太确定　C. 是的

第17～25题：在下面问题中，每一题选择一个和自己最切合的答案。

17. 我被朋友、同事起过绰号、讥讽过：_____

    A. 从来没有　B. 偶尔有过　C. 这是常有的事

18. 有一种食物使我吃后呕吐：_____

    A. 没有　B. 记不清　C. 有

19. 除去看见的世界外，我的心中没有另外的世界：_____

    A. 没有　B. 记不清　C. 有

20. 我会想到若干年后有什么使自己极为不安的事：_____

    A. 从来没有想过　B. 偶尔想到过　C. 经常想到

21. 我常常觉得自己的家庭对自己不好，但是我又确切地认识他们的确对我好：_____

    A. 否　B. 说不清楚　C. 是

22. 每天我一回家就马上把门关上：_____

    A. 否　B. 不清楚　C. 是

23. 我坐在小房间里把门关上，但我仍觉得心里不安：_____

    A. 否　B. 偶尔是　C. 是

24. 当一件事需要我作决定时，我常觉得很难：_____

    A. 否　B. 偶尔是　C. 是

25. 我常常用抛硬币、翻纸、抽签之类的游戏来猜测凶吉：_____

  A. 否　B. 偶尔是　C. 是

第26～29题：下面各题，请按实际情况如实回答，仅需回答"是"或"否"即可，在你选择的答案下打"√"。

26. 为了工作我早出晚归，早晨起床我常常感到疲劳不堪：

  是_____　否_____

27. 在某种心境下我会因为困惑陷入空想将工作搁置下来：

  是_____　否_____

28. 我的神经脆弱，稍有刺激就会使我战栗：

  是_____　否_____

29. 睡梦中我常常被噩梦惊醒：

  是_____　否_____

第30～33题：本组测试共4题，每题有5种答案，请选择与自己最切合的答案，在你选择的答案下打"√"。答案标准如下：

1	2	3	4	5
从不	几乎不	一半时间	大多数时间	总是

30. 工作中我愿意挑战艰巨的任务。 1 2 3 4 5

31. 我常发现别人好的意愿。 1 2 3 4 5

32. 能听取不同的意见，包括对自己的批评。 1 2 3 4 5

33. 我时常勉励自己，对未来布满希望。 1 2 3 4 5

总计得分：

参考答案及计分评估：

计分时请按照记分标准，先算出各部分得分，最后将几部分得分相加，得到的那一分值即为你的最终得分。

第1～9题，每回答一个A得6分，回答一个B得3分，回答一个C得0分。计_____分。

第10～16题，每回答一个A得5分，回答一个B得2分，回答一个C得0分。计_____分。

第17～25题，每回答一个A得5分，回答一个B得2分，回答一个C得0分。计_____分。

第26～29题，每回答一个"是"得0分，回答一个"否"得5分。计_____分。

第30～33题，从左至右分数分别为1分、2分、3分、4分、5分。计_____分。

总计为_____分。

90分以下，EQ较低；90～129分，EQ一般；130～149分，EQ较高；150分以上，EQ超高。

第十三章
Chapter 13

学涯规划助力孩子迈向卓越

不要关注孩子梦想的对与错,而是趁着孩子有梦想的时候进行激发,做好今天该做的事情。

在史蒂芬·柯维所著的《高效能人士的七个习惯》中，讲了高效能人士的7个好习惯，其中第二个是"以终为始"。凡事都要有个远期目标，按照远期目标那个"终点"往当下推，制定系统目标计划体系。父母培养孩子，要有系统规划，而不是"摸着石头过河"，"推着走"，请专业导师给孩子画一张成长蓝图，"蓝图在手，前程无忧"。父母和孩子都知道每天干什么、每周干什么、每个月干什么、每个学期干什么、每一年干什么，各个时间里都明确怎么干的策略，远期目标引领每一个当下，分解后的小目标达成就意味着远期的大目标实现，何忧之有？只有快乐向前！

哈佛大学"目标威力"实验

关于目标与人生，哈佛大学有个非常著名的实验。

1953年，哈佛大学的学者们做了著名的"目标威力"实验。学者们对一群智力、学历、环境等条件都差不多的年轻人进行长达25年的跟踪调查。

25年前调查结果显示：27%的人没有目标；60%的人目标模糊；10%的人有清晰但比较短期的目标；3%的人有清晰且长期的目标。

25年后调查结果显示：那27%没有目标的人，几乎都生活在社会最底层，甚至靠救济生活，他们贫困潦倒，抱怨一切；那60%目标模糊的人，几乎都生活在社会中下层，平平凡凡，普普通通，他们对社会无所褒贬，默默无闻；那10%有短期清晰目标的人，大都成为了各行各业的专业人士、骨干精英，比如医生、律师、工程师等，他们穿越了阶层，跻身社会的中上层；那3%有长期清晰目标的人，几乎都成了行业领袖，推动社会进步，处在社会最高层。

目标的重要性

图13-1　台阶图

"目标威力"实验的结果证明了目标对人生的重大意义。第一，目标是制定人生规划的依据。人生有如攀爬高楼，有了明确的要到达的最后高度，就可以建造楼梯结构了。设计多少个折回？确定每个折回有多少个台阶？每个台阶有多高才最有利于攀爬？当我们把长期目标分解成一个一个台阶似的小目标的时候，人行动就不再畏难了。所谓"蓝图在手，前程无忧"；第二，目标给人方向感。目标犹如闪耀的灯塔，导引着人生"航行"的方向，有了它就不会"迷航"，人根据这个方向，随时检讨和调整自己的行动，聚精会神，日进有功；第三，目标是动力源。行为科学揭示了"刺激-动机-行动-结果"及其循环的科学逻辑，我们要什么果？功夫不能下到"果"上，而是不断地给予"刺激"建立"动机"。目标犹如我们驾驶的汽车的发动机，马力越大，跑得越快、越轻松，它能激励人以顽强的斗志去逾越成功路上的各种艰难困苦，绝不轻言放弃。

目标如此重要！请问各位父母：你培养孩子远大理想了吗？孩子有清晰的长期目标、中期目标、短期目标和具体行动计划吗？你给孩子是怎么定位和规划的？你怎么能确定你的定位和规划是最科学的？……没有远大理想，没有清晰的长期目标，孩子不知道为什么要学习，学习没有给他们带来快乐，所以，孩子心里是没底的，是迷茫的。

目标设定的原则

目标有巨大的激励作用。因而，父母培养孩子千万不能"摸着石头过河"或者是"推着走"，走一步看一步。制定目标要遵循下列几项原则：一要明确，孩子能懂；二要可测量，如提升分数；三要可实现，怎么努力都达不到，孩子就不努力了；四要有挑战性，激发孩子潜能，用力跳一下能够得到的目标；五要有时限，到什么时候完成。父母要依据这些原则，根据孩子的个体情况以及父母对孩子的定位，制定具体的目标计划体系。

生命潜能测试及学业规划的基本框架

哈佛大学著名教授霍华德·加德纳博士于1983年发表其重要研究成果——多元智能理论。这个理论发现颠覆了以往的单一智力理论，他认为人的大脑有多维度智能，人的多维度智能及其不同组合，使人与人之间产生千差万别。多元智能理论一经发表，迅速轰动学术界，世界500强企业广泛应用这个理论对人才进行测试评估，"因材施用"。到2009年，多元智能理论研究达到了"至善"程度——科学、系统、有大量实践证明，被推崇为世界现代三大智力理论之一。

1. 多元智能

多元智能理论提出八大智能，并明确每种智能优势所适合的职业。

第一，语言智能。指对语言的听、说、读、写的能力。语言智能优势的人适合记者、编辑、作家、演说家和政治领袖等职业。

第二，逻辑数学智能。指运算、分析、推理判断的能力。逻辑数学智能优势的人适合科学家、公检法、律师、哲学家等职业。

第三，人际关系智能。指与人相处和交往的能力。人际关系智能优势的人适合营销、公关、管理者、社会活动家和政治家等职业。

第四，内省智能。指认识洞察和反省自身的能力。内省智能优势的人适合哲学家、思想家、小说家等职业。

第五，空间智能。指感受、辨别、记忆、改变物体的空间关系并借此表达思想和情感的能力。空间智能优势的人适合工业设计、珠宝设计、建筑设计、画家等职业。

第六，自然智能。指认识世界、适应世界的能力。自然智能优势的人适合动物学家、植物学家、化学家、药学家、地质学家、气象学家等职业。

第七，肢体动作智能。适合体育、舞蹈、表演等职业。

第八，音乐智能。适合声乐、器乐、作曲家、指挥家、乐评人等职业。

霍华德·加德纳博士在其多元智能测试技术中，提出三种组合模式，分别是：

第一组合：语言智能和逻辑数学智能组合，对应基础教育学科是语数外；

第二组合：肢体动作智能、音乐智能、空间智能和自然智能组合，对应基础教育学科是物化生；

第三组合：内省智能和人际关系智能组合。

通过应用霍华德·加德纳博士多元智能理论，对被测试者测试，找到被测试者多元智能优势区、潜能区、短板区，做"扬长挖潜"教育；再结合智能组合优势和多元价值取向，来判定被测试者的职业方向；根据父母的定位，结合SWOT分析，为孩子做学业规划。

2. 学业规划的重要意义

第一，培养孩子有一幅"蓝图"，从此无忧。有方向、有目标、有路径、有策略，父母和孩子都心中有数；

第二，生命效率最高。"扬长""挖潜""避短"，主次分明，不浪费生命，活出最高效人生。

亲子关系自我评价

表13-1　父母做自我评价

项　目	选　项					得分
1. 我满意我目前的家庭和孩子的状况。	1	2	3	4	5	
2. 和孩子谈完话，我很少有批评或指责孩子的想法。	1	2	3	4	5	
3. 孩子愿意主动地告诉我，他在外面发生的事情和内心感受。	1	2	3	4	5	
4. 我觉得孩子能快乐地生活，比成绩好更重要。	1	2	3	4	5	
5. 和孩子对话时，我很少使用"你应该……""你最好……否则""不……我就……"的语气和孩子交谈。	1	2	3	4	5	
6. 我觉得孩子犯错和惹麻烦是成长必经的过程。	1	2	3	4	5	
7. 我了解孩子内心的喜好和厌恶。	1	2	3	4	5	
8. 孩子说话时，我能耐心专注地听完。	1	2	3	4	5	
9. 即使孩子犯了错，我也不会因此就认为他（她）是个坏孩子。	1	2	3	4	5	
10. 我与孩子谈话时，我能了解孩子内心真正的感受。	1	2	3	4	5	
11. 不论孩子发生什么事，我都能以孩子的立场，分享孩子内心的感受。	1	2	3	4	5	
12. 我答应孩子的事情，我一定都会履行。	1	2	3	4	5	
13. 我能给孩子充分的自主空间，决定自己的事。	1	2	3	4	5	
14. 亲子间有冲突时，我不认为一定是孩子的错。	1	2	3	4	5	
15. 我答应孩子的事情，我一定都会履行。	1	2	3	4	5	
16. 我经常给自己和孩子充裕的时间，避免催促孩子。	1	2	3	4	5	
17. 我能经常和孩子有亲密的接触（如摸头、拍肩、拍手、相互拥抱）。	1	2	3	4	5	

项 目	选 项					得分
18. 我认为孩子是有理性的，能自己面对和解决问题。	1	2	3	4	5	
19. 我能经常保持愉快的心情和孩子相处。	1	2	3	4	5	
20. 不管我的工作或生活再忙碌，每天我都会留一些时间给子女。	1	2	3	4	5	
总 分：						

表13-2　孩子做自我评价

项 目	选 项					得分
1. 我父母觉得我能快乐地生活，比成绩好更重要。	1	2	3	4	5	
2. 我父母觉得我犯错和惹麻烦是成长必经的过程。	1	2	3	4	5	
3. 我说话时，我父母能耐心专注地听完。	1	2	3	4	5	
4. 即使我犯了错，我父母也不会因此就认为我是个坏孩子。	1	2	3	4	5	
5. 不管我父母的工作或生活再忙，每天他都会留一些时间给我。	1	2	3	4	5	
6. 我父母能经常保持愉快的心情与我相处。	1	2	3	4	5	
7. 我父母认为我是有理性的，能自己面对和解决问题。	1	2	3	4	5	
8. 我父母能经常和我有亲密的接触（如摸头、拍肩、拍手、相互拥抱）。	1	2	3	4	5	
9. 和我对话时，我父母甚少使用"你应该……""你最好……否则……""不……我就……"的语气和我交谈。	1	2	3	4	5	
10. 不论我发生什么事，我父母都能以我的立场，分享我内心的感受。	1	2	3	4	5	
11. 亲子间有冲突时，我父母不认为一定是我的错。	1	2	3	4	5	
12. 我父母经常给自己和我充裕的时间，避免催促我。	1	2	3	4	5	
13. 答应我的事情，我父母一定都会履行。	1	2	3	4	5	
14. 我父母要求我做的事情，他自己都能做到。	1	2	3	4	5	
15. 我父母能给我充分的自主空间，决定我自己的事。	1	2	3	4	5	
16. 我愿意主动地告诉我父母，我在外面发生的事情和内心感受。	1	2	3	4	5	
17. 我父母了解我内心的喜好和厌恶。	1	2	3	4	5	

续表

项　目	选　项					得分
18. 我父母与我谈话时，能了解我内心真正的感受。	1	2	3	4	5	
19. 我父母满意目前的家庭和我的状况。	1	2	3	4	5	
20. 和我谈完话，我父母很少有批评或指责我的想法。	1	2	3	4	5	
总　分：						

评分标准：下面描述的是你和孩子相处的一些情况，请你根据实际情况选择题后面的数字。1=很不符合、2=不符合、3=尚符合、4=符合、5=非常符合。请父母分别作答，并计分。

结果解释：1. 计分：将你选择的每道题后面的数字全部加起来，即得到你的测量总分。2. 若总分在60分以下，表示你们的亲子关系存在着危机，需尽快进行调整；若总分在60～80之间，表示你们的亲子关系还算融洽，但还可以做得更融洽；若总分在80分以上，恭喜你，你们的亲子关系非常良好，请继续保持下去。3. 做完测验后，请安排一个温馨的情境，亲子共同讨论与分享。计算家长做的每题和子女做的对应的题之间的差异，如果亲子间的回答有明显的落差问题（相差2分以上的题目），需要彼此坦诚讨论，以减少彼此间期待的落差。

第十四章

Chapter 14

高效沟通提升家庭教育的效果

沟通力就是教育力。只有符合人性又有逻辑的沟通才具有无限魅力。

我们对孩子实施教育，无论是身教，还是境教（环境教育），最后都一定要用言教来评价、激励和指引。虽然身教胜言传，境教胜身教，但是，我告诉大家言传也非常重要！因为言教最方便、最经常、最高效。韩愈的《师说》中讲"师者，所以传道授业解惑也"，都讲的是言教。父母和孩子之间积极的语言对话，即是沟通。通过沟通实现教育意图，让孩子得到启迪，改变行为，成为更优秀的自己。

　　人们总认为自己会说话就自然会交流，会交流就自然会沟通，完完全全忽略了沟通的难度。事实上，当今父母和孩子之间的沟通出现了很大问题。父母和孩子之间产生沟通障碍成为中国最普遍的教育问题。家庭成员尤其是孩子幸福指数会大大降低，导致其学习意愿、主动性、积极性也大大下降，甚至厌学。父母的沟通能力亟待提高。

有效沟通的三个原则

　　首先要了解沟通的三要素：

　　第一个要素，两个或两个以上沟通主体。一个人在说，另一个人在听，或者一个人在讲，一群人在听，这叫表达。沟通需要沟通主体都能积极、充分地相互表达，以实现沟通的目的。父母和孩子是两个或三个相互表达的主体。

第二个要素，有效信息交流。有效信息是指双方所传达的信息能听明白，而且对人有用。言来语往，相谈甚欢，这是好的沟通。如果话不投机，则"半句多"。

第三个要素，沟通主体之间达成共识。所有没有共识的沟通，即"沟"而"不通"，都是无效沟通。父母和孩子沟通若没有达成共识，父母的教育意图就无法实现。

好的沟通能满足人的心灵需求，好感觉带来好关系，好关系有利于取得相互理解，合作共赢。

怎么能说到人心里去、触动人的灵魂？

1. 本着同理心原则

父母能感受孩子的感受，说出孩子的显性心理需求；并能帮助挖掘孩子尚不自知但真实存在的隐性心理需求。将心比心，换位思考。绝不能自以为是地去说话，绝不能只说自己想说的话。

2. 恪守利他原则

父母跟孩子的沟通是为了实现自己的要求，还是引导和帮助孩子成为最好的自己，这体现着利他天道。绝不能只站在自己需求满足的立场沟通，那一定是"沟"而"不通"。

3. 应用利弊对比原则

孩子是被教育对象，他的理性还没有发展到高级阶段，对事物的对错、是非、美丑还做不到准确的分析判断，况且对于未来的远期结果孩子是没感受的，特别需要有人帮助梳理清晰。所以，父母要凭着高级的专业度，帮助孩子做利弊对比，开发孩子的思考能力。比如，好好学习、考名校、读硕博，到了职场会有什么样的好结果？谁是榜样？榜样能不能直接影响孩子？通过这样的利弊对比，孩子既有感受又提高了理性。

沟通的基本原理——乔哈里视窗理论

乔哈里视窗理论诞生在20世纪50年代，是一个重要的沟通原理和技巧。人都有四个区：公开区、盲目区、隐秘区和未知区，在一个坐标里，有"自己知道——自己不知"和"他人知道——他人不知"两个维度。无论是教育孩子还是和其他人沟通，目标原理都是尽量扩大公开区，缩小盲区和隐蔽区。自己的盲点怎么能缩小？方法就是去问询他人；自己的隐蔽区怎么能缩小，就是主动地跟别人说。由图可见，通过问他人和对他人主动说，使中心线向右侧移动或向下移动，就导致未知区被开发出来一块，那一块自己不知道，别人也不知道，被称作潜能区。

根据乔哈里视窗理论，夫妻关系里公开区越大，关系越和谐；父母和孩子沟通中，要尽量让孩子的公开区扩大，而多元智能测试手段，能最直观地帮助父母找到孩子的潜能区，进而进行鼓励和激发，让孩子产生更大自信。孩子小的时候，没有隐蔽区，什么都告诉父母；孩子一过八九岁，隐蔽区越来越大，父母越来越不了解孩子了，那就不可能做对教育，因为你不可能说到孩子的心里去。因而，父母掌握询问技术非常关键。询问公式8句话：

1. 把某某事情的经过给妈妈详细地说一遍，看看妈妈能不能帮到你（说经过）；

2. 这个事情里你有什么样的感受（释放和疗愈）？

3. 下一步你想改善到什么样子（确定改善目标）？
4. 你有什么改善方法（引导孩子想办法）？
5. 你的改善方法会有什么样的后果（引导孩子评估方案）？
6. 你决定怎么办（在几个方案中择优）？
7. 需要妈妈帮助什么（表达爱）？
8. 结果怎么样（询问孩子处理的过程和结果）？

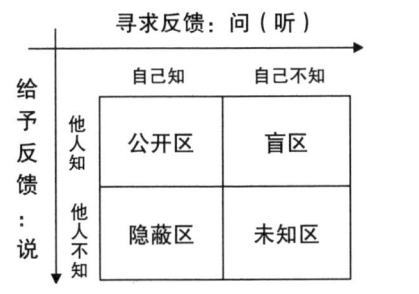

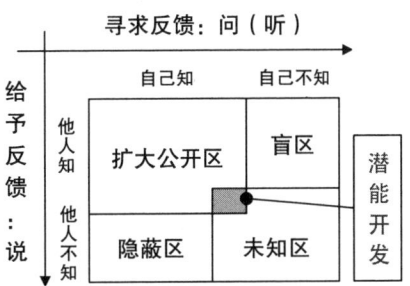

图14-1　潜能开发

沟通的基本原理——同理心理论

同理心理论的内涵：站在对方的时空和境况下，感受对方的感受，依据一定的原则，有效地处理事情。也有人把同理心理论称作共情原理。

一个人的同理心是一种能力。有区分和感受他人情绪的能力、有推断和假设他人观点和角色的能力、有感同身受的情感反应能力，使他人能够得到心灵共鸣。父母能够及时体察孩子的情绪，推断孩子情绪的发展，给孩子提供恰当适时的情感帮助，就为有效沟通铺设了一条通道。

一个人能不能根据同理心来有效地处理事情，需要遵循两条重要原则。一条是先处理心情、再处理事情。父母在情绪不好的状态下不要处理事情，人在情绪下，大脑会释放肾上腺素，肾上腺素飙升的时候，血管急剧扩张，面红耳赤。同时，大脑前额叶皮质被激活，多巴胺减少，大脑分泌内啡肽也同时降低，最后都作用在思维上，情绪状态下思维被抑制，思考力和判断力都下降，所以人们说："冲动是魔鬼"。另一条是态度要温和、立场要坚定。不能感情用事，要讲原则，要按家规办事，同时，态度一定要温和，不恼不怒，这也是真爱孩子的表现。

我们来看一个案例，让大家体会一下同理心理论在沟通中是怎样应用的。

背景：中考成绩出来了，艾文全家都陷入了痛苦之中。艾文一直是个学习比较上进的学生，按照中考前多次模考的成绩估计，全家人都认为升入本市前三名的重点高中是胜券在握的。但是，分数一出来了，全家人都傻了！中考结束后估分总分应该在710分左右，而实际得分却是654分。妈妈接受不了这个结果，情绪几乎崩溃，因为孩子和本市重点高中无缘了。

妈妈：平时让你多努力，你就是不听，你为什么不听妈的话？

孩子：我不是努力了吗？

妈妈：你努力了怎么就考这点儿分？

孩子：我也不知道啊！

妈妈：你平时考得好点儿就满足了，让你再去补课你就不去，这回怎么样？我看你上不了好高中，今后怎么办？

孩子：你烦死人了！上不了好高中就上不了！

妈妈：那能行吗？父母这么辛苦供你读书，你不努力，上不了好大学，我们不是白辛苦了吗？现在上不了好大学，上哪儿找好工作？你未来怎么办呢！

孩子：（大哭）我的事儿不用你管……

妈妈：（大哭）

案例分析：沟通一开始，就违背了沟通的两项原则。双方都没有控制情绪，同理心理论要求：在有情绪状态下，不允许处理事情。同时，双方都不考虑对方的感受。孩子没考好，孩子是不快乐的，甚至是焦虑的，但妈妈不考虑孩子内心感受，而是站在自己的角度说话——挑剔、指责、恐吓；孩子自己可能是难过的，但一点儿都没有体会到妈妈的心理感受——失落、痛苦、无颜见人，更没有对父母多年的付出表示感激和歉意，如果孩子对父母有感恩心，他会理解妈妈的情绪。这个沟通的结果是毫无结果，且亲子关系进一步恶化，而主要责任者是妈妈，因为她引起的话题，她占据比孩子更高的位置。

如果学会运用同理心理论沟通，效果就截然不同了。跟我学习3年的一个家庭，孩子参加中考也出现了类似情况，因为父母在我的教育系统里已经有了很高的专业度，他们的孩子在我的"3-5-7学动力系统"也学习了两年多（初三的时候停了），孩子和父母都学过我的沟通原理课，他们家已经习惯了"同理心沟通"。

妈妈：儿子，考得不理想，你的心里是不是很难过？

孩子：是呗，都不想出门了，"无颜见江东父老"。

妈妈，我没考好，你心里是不是也很难过？

妈妈：是呀，妈妈是知道你心里难过我才心里不舒服的！

没关系，事情发生了，我们就得接受，关键是要思考清楚原因，找到改善方法，"吃一堑长一智"。

孩子：妈妈，我上不了好高中，是不是就完了？

妈妈：我不这么认为，看你爸爸，他的本科、硕士都不是985、211，但他为什么能做到人力资源老总，发展得这么好？不是仅仅靠专业知识，最重要的是靠文化积淀、思辨能力、敬业精神、担当意识。

孩子：我觉得没考好有点儿遗憾！一是没能正常发挥，二是有点儿对不起你和我爸爸对我的付出！

妈妈：儿子，我觉得不应该这样，父母爱孩子是没条件的。我想现在最重要的是你尽快"恢复元气"放下包袱、快乐起来，分析一下过往我们在学习上存在哪些问题、不足，迅速地把它调整过来。虽然我们进不了"三校"，但二流高中每年也有很多孩子考上名校啊，就看你想不想？是否下定决心？

孩子：妈妈，我一定要上好大学。我明白，马上放假了，我去找我各科的老师，请他们帮我找找每科学习上的问题，我尽快改进、赶上，不行的话我再补补课。

妈妈：（笑）好的，儿子，妈妈相信你！而且坚决支持你！

孩子：（笑）谢谢妈妈！

案例分析：这个对话，首先是父母站在孩子的角度，感受了孩子的感受，用无条件的爱，去面对孩子成长的得与失，情绪稳定，语言温暖。这样家庭长大的孩子，也特别能体会父母的辛苦，懂得父母的希望，孩子被爱滋养了，输出的就是爱。更重要的是这个家庭经过专业训练，掌握了沟通技术，不在对错上纠缠，而是帮助孩子分析原因找方法解决问题。妈妈最后的话语不是要求，是温柔的坚持，是激励和指引，是真爱的力量。

高效沟通的万能公式——行为学原理

在初一以前，父母对孩子的"言教"几乎天天都发生。但我们发现几乎95%以上的父母对孩子的"言教"都是针对"果"做的，很少有父母在"因"上下功夫。"女儿，这周考试排名下降了两名，这是怎么回事呀？""儿子，我发现你马虎丢分儿太多了！""我花钱给你安排补课了，补了两个月，成绩不但没上去，还反而降了，你怎么学的？"……这种直接奔"果"去的教育，一定适得其反。

我们知道，任何结果都来自持续的行为，什么东西驱动行为呢？是动机，动机来自哪里呢？来自于强烈的刺激。比如，看到别人把孩子培养得很好，上了名校，你受到了震撼（刺激），于是你产生个动机——去向成功者讨教，然后，真老实、真听话、真照做，你的孩子教育就变得越来越好。再比如，你看到同学住上了别墅，你受到了刺激，都是同校同班同专业出来的同学，为什么他行我不行？于是你产生了创富动机，于是去跟随创富成功者学习，经验丰富后，自己创业做老板了，经过几年的拼搏，也买上了别墅，实现了理想。我们发现：刺激产生动机，动机产生行为，行为产生结果，结果与他人对标产生新的刺激，新的刺激产生新的动机……

人类社会就是这样螺旋式进步的。这就是行为学刺激-动机理论。

这个行为学理论，是一个万能的沟通公式。不要在"果"上做文章，而是以建立动机（内驱力、外驱力）为导向进行正确的刺激、熏陶，从小抓起，假以时日，必成正果。为此，父母要不断地提高自己的文史修养（准备好养料），要具有较高的表达沟通能力（说得好孩子爱听），并以身作则，在孩子的优势方向、潜能方向上，扩开视野，塑造美好，找到榜样，讲人生的意义和榜样的成功故事，孩子就朝着幸福的人生未来走去了……

沟通的常用公式

1. 鼓励公式

鼓励是指做某事前或做事中击鼓以振士气。父母引导孩子做某件事情前，用正面语言激励孩子去尝试、去挑战，叫作鼓励。描述做某事的意义+找出优点肯定+父母教方法、做示范+父母的肯定性祝愿。比如，孩子正在犹豫是否参加学校组织的演讲比赛。不专业的父母会这样说："你怕啥？就报名呗"；教育水平低劣的父母会这样说："你能行吗？你看你语文考的那名次，演讲稿你都出写不出来"；专业的父母会通过询问，了解孩子心理，也清楚孩子的优势，会这样说："儿子，演讲是一个人成为领导者必备的能力，凭你的口才能力妈妈认为你应该报名参赛，好好准备演讲稿，写好稿后，在家里多练几遍，妈妈认为你取得好名次没问题。"如果再加上这样一句就更好了："演讲稿写好后可以请语文老师给指点一下，这样你的胜出机会就更大了。"

2. 表扬公式

"表"：从里边拿出来；"扬"：高举起来，扬出去，让更多人看到。表扬是针对结果而言。描述孩子行为+描述孩子结果+父母的喜悦感受。孩子第一次参加欧洲文化游学，离开爸爸妈妈15天，游学结束回国了，父母接到孩子就要开始表扬了。"你第一次离开妈妈这么久，尽管你很想家，但你竟然坚持下来了，这说明你很坚强！而且，在这次游学中，我听老师说你特别愿意帮助人，到哪里都认真地看认真地听讲，老师说你收获最大，妈妈特别高兴，为你自豪！"如果表扬后面再加上一句"指引"就更好了！"就你这个坚强劲儿，就你这个做事认真的劲儿，那都是像任正非、乔布斯这样的领导者才具备的品质，了不起呀！"

3. 批评公式

在孩子犯错误的时候应用。描述孩子行为+描述孩子结果+父母的不悦感受，与表扬公式只在最后一点有区别。

4. 评价公式

评价即评估价值。表扬公式+（同时）改进建议。完整公式如下：

描述孩子行为+描述孩子结果+父母的喜悦感受+（同时）改进建议。"你第一次离开妈妈这么久，尽管你很想家，但你竟然坚持下来了，这说明你很坚强！而且，在这次游学中，你特别愿意帮助人，到哪里都认真地看认真地听讲，老师说你收获最大，妈妈特别高兴，为你自豪！"如果表扬后面再加上一句"指引"就更好了！"就你这个坚强劲儿，就你这个做事认真的劲儿，那都是像任正非、乔布斯这样的人物才具备的品质，非常了不起！"同时（这里不能用转折词），老师说："如果你在大家团学的过程中，再积极点儿去分享自己学到的和感受到的就更好了，这样的话能给其他人更多启发。""（同时）改进建议"不是批评，是一个改进建议，这样会更好。

著名学者梁实秋说："谈话，和作文一样，有主题，有腹稿，有层次，有头尾，不可语无伦次。"应用以上的沟通公式，可以有效地提高沟通的效率和效果。以上所讲的沟通理论、沟通公式都需要父母长期练习才可能成为沟通高手。

第十五章
Chapter 15

让孩子爱上学习的系统机制

父母在孩子教育上犯错早晚、犯错大小、犯错多少决定了孩子和孩子之间的竞争输赢。所以，父母教育才是中国教育的根本教育。

家庭是孩子第一所学校,这所学校是从孕教开始的,是真正的"起跑线";这所学校是培养孩子精神品格的,孩子在这所学校里永远都不毕业,因而,家庭这所学校是最重要的学校。

图15-1 学习意愿

培养孩子学习意愿

1. 什么是学习意愿

孩子对学习的感受好不好?孩子对学习的主观动机是否强烈?孩子面对不断提高难度的学习是否能有强大的意志力坚持下去?……这都影响着孩子学习改变的意愿度。父母对孩子的教育要实现从"父母让孩子学"到孩子"我要学"的根本转变,孩子才能自动自发。

2. 学习意愿的重要性

苏霍姆林斯基说："学习是脑力劳动，从事学习的劳动者必须处于主动状态"。"学习意愿"是影响孩子学习成绩的关键因素。教师特别是家庭教育的教师，其最根本的教育任务是培养孩子的"学习意愿"，学习方法及学习能力是"次重点"。著名教育家陶行知的老师约翰·杜威指出："学校需要培养许多学习态度，其中最重要的就是不断求知的欲望"。

3. 学习意愿的培养

第一，好奇心的"喂养"与激发。

与生俱来的好奇心是学习的源泉，是上天赋予每个孩子的天然学习机制。从满足孩子天赋好奇心这个教育"始点"出发，通过父母专业、持续的激发和指引，就能把孩子引导到扩展阅读、思考表达和实践体验上来，让孩子消遣性好奇升级到认识性好奇，形成良性的探索学习状态，超越就是必然的。根据吸引力法则，如果再能经常把小朋友聚在一起，孩子很容易接受来自"伙伴"的刺激，小伙伴们在一起，让好奇心和好奇心碰撞，能激发孩子产生更大的好奇心。

第二，父母的激励与指引。

父母应该无条件地悦纳孩子，给孩子正确的爱，通过鼓励、表扬、目标激励等肯定手段，并让孩子懂得不断提升自身价值的意义所在，对孩子进行激励和指引，做孩子的激励大师、成功导师。有更高专业度的父母在给到孩子巨大激励之后，能立刻给孩子一个更准确、更高级的指引，这样的激励和指引，会让孩子"充满电"。

第三，培养孩子的责任感。

孩子责任感的形成来自生活教育，在生活中培养起来的责任感会自动转移到学习上去。从小给孩子"主人"感，通过家规建立和实施，让孩子担当家务，通过家庭会议让孩子参与家庭事务讨论、决策及监督执行等，通过生活教育，培养孩子责任意识，孩子就会懂得学习是自己的责任，学习就会成为孩子的主动行为。

第四，培养孩子的理想和使命。

理想和使命是人最大的驱动力来源。

父母培养孩子，必须能够帮助孩子看到今天学习这个具体事务背后的价值和意义，孩子看到了那价值和意义，才会生出远大理想，并愿意把那份担当看作"舍我其谁"必然，那就是使命感。

第五，清晰的目标和计划。

根据目标给孩子制定完整的目标计划体系，对激发孩子学习意愿大有裨益。理想要远大，目标要清晰，计划要具体。

如何为孩子设立科学的学业目标和具体学业培养计划主要依据有两条，一个是孩子个体情况，另一个是父母的定位及经济条件。

第六，良好家庭环境和导师指引。

家庭是最重要的教育环境。父母亲密关系和谐、父母正面评价能力够强以及父母能成为身教言传的好榜样，对孩子学习意愿的激发十分重要。如果父母们真的懂得了人生的终极意义，把后代成人、成才、成功作为自己今生最大的事业，在这种观念的支配下，父母才有可能快速学习改变。

培养学习兴趣

1. 什么是学习兴趣

学习兴趣是指孩子在父母的正确教育下，对学习这个具体事务所产生的一种积极的认识倾向与情绪状态。培养学习兴趣，才能让孩子对学习产生"我快乐"的感受。人在做某件事情的时候，如果痛苦大于快乐，就很难有"意愿"。

2. 学习兴趣的培养

第一，彻底抛弃学习是"苦差事"的错误观念。爱学习本来是孩子的天赋。

第二，激发孩子好奇心天赋。好奇心是孩子学习的天然内驱力，孩子天生乐于学习，懂得越多越好奇，好奇满足越充分越快乐；越快乐越爱学。

第三，父母带动学。父母能够陪伴孩子，并且和孩子一起同学共修，孩子在爱中更爱学。

第四，在实践中学。小学低年级以下的孩子，忌讳以记忆力应用为主的教育。孔子妈妈教他学习，学一会"礼"，就到屋外做"慎终追远"（《论语·学而》）的实践——敬天拜地，这样学有意思。父母要放手让孩子和小朋友一起参加实践课，在团队实践中学习，孩子积极性就高。

第五，在游历见识中学。带领孩子到文化圣地、大自然、博物馆去，游历中教，情景中学，孩子就爱学。

第六，有目标地学。及时发现孩子的兴趣方向，沿着兴趣方向进行激发，在多元尝试中注重"扬长挖潜"，并和孩子一起制定个小目标，每一次达成，有一次激励评价，让孩子及时获得成就感。

第七，找到正确方法学。和学校老师建立良好互动关系，让老师成为家庭教育帮手，依靠学校老师，帮助孩子找到最好的学习方法，提升学习能力，让孩子有胜任感、荣誉感。

培养学习能力

1. 什么是学习能力

学习能力是指孩子能够自觉地调整自身状态，通过学校教育和家庭教育训练，在分析问题、解决问题过程中形成概括化经验，并在学习考核中取得优良学习成果的能力。培养孩子学习能力，让孩子认为"我成功"，是让孩子爱上学习系统机制的重要内容。孩子有能力才会有信心，才会越战越勇。力小而任重，德薄而才高，一定会伤人的。孩子在学习上多次受挫，就会大大影响学习兴趣和学习信心。

2. 学习能力的培养

一个孩子的学习能力包括规范的学习行为、良好的学习习惯以及有效的学习方法。主要体现在扎实的基础知识、正确的学习方法以及逻辑分析能力等方面，其中前两个方面靠学校教育是完全可以达成的。学校教育在逻辑分析能力培养方面也发挥着重要作用，尤其是数学、语文两个学科，对培养孩子逻辑分析能力有很大作用，但家庭教育在培养孩子逻辑分析能力方面作用更大。

关于学习方法方面。我推荐费曼学习法。理查德·费曼是著名的物理学家，1965年获得诺贝尔物理学奖。费曼学习法"以教代学"，用学习者"输出"倒逼"输入"，而且能做到建立关联、举一反三、触类旁通，因此，费曼学习法在世界范围内广为推崇。费曼学习法分为四个步骤：第一步，学习某种新知识。搞懂基本概念和原理；第二步，教会他人。可以拿一张白纸当作黑板，想象下面坐着一个比自己小的学生，你把学到的新知识讲给他听。"教，是最好的学习方法"。第三步，卡住时回顾。在面对白纸讲的时候，很少人能无卡点地顺畅完成，只要出现了卡点，就要回顾老师是怎么讲的？例题是怎么讲的？知识点是怎么连接的？"查缺补漏"，消除盲点，卡点解决后，再重头讲一遍，直到无卡点。第四步，表达简化。为了让自己的讲解通俗易懂、言简意赅，你要努力简化你的语言表达，或者和自己已经掌握的基础知识建立起类比关系，这样就能更好地理解所讲的内容。后三个步骤的循环，可以让第一步的基础知识变得更加扎实。

关于逻辑分析能力方面。逻辑思维分为科学逻辑思维和哲学逻辑思维。学校教育主要培养孩子科学逻辑思维，研究人与自然、人与科学、人与文史关系，学校里的所有学科特别是数学、语文、政治都有培养孩子逻辑分析能力的作用。哲学逻辑思维是高级思维，是研究人与人、人与社会相互关系的学问，这个方面不是学校老师的专长，必须要靠家庭教育实现补充。

孩子学习能力与孩子的心智模式、目标感、责任感、自控力、自信心、身体素质等方面都有紧密关系。

培养学习自信心

1. 什么是学习自信心

学习自信心是指孩子个体对自己完成学习任务、实现学习目标的一种肯定的心理倾向。"我能行"。体现孩子对自己学习能力的肯定和对自己高度接纳欣赏的一种态度。阿基米德曾说:"给我一个支点,我将撬动地球。"这是何等的自信!

中国学者对中国学生学习信心研究表明:在成绩优良组中,充满自信的学生占55%,45%的学生缺乏学习自信心;在成绩中下组中,充满自信的学生只有10%,90%的学生缺乏学习自信心。按照人的个性品质顺序:自尊心、责任心、自信心、上进心、自控力、意志力,前面的个性品质是后面个性品质的前提,前面的没培养起来,后面的就非常可能"倒下去"。自尊心不强的孩子,就不愿意负责任;自信心不足的孩子,就不愿意再努力。也就是说,自信心的缺乏,必然导致学习动力下降,而学习动力不足,学习成绩就非常可能不理想。可见,帮助孩子建立强大的学习自信心相当重要。学习自信心对学习行为有定向功能,对学习动机、对学习意志的维持都有严重影响。

2. 学习自信心的培养

第一,父母的肯定。在学习内外找到孩子的优势,进行肯定,甚至是"放大"成绩肯定。特别是要多在学习之外的多元尝试和体验中进行肯定赞美，孩子在某一个领域里建立起来的自信心，会一定程度地转移到学习上。

第二，对孩子"扬长"培养。"扬长带短"，孩子哪科学得比较好，就重点学哪科，做"加长"培养，让孩子获得成就感，自信心提振之后，再采取适当办法带动"次长科目"进步，"步步为营"。在孩子没有学习自信心、没有学习动力的情况下，孩子哪科儿成绩不好就"补"哪科儿，是违背人性的，所以补课补不出来结果，还浪费了父母的钱财，更浪费了孩子的生命，最可怕的是再次给孩子的自信心以"重击"。

第三，给孩子提供帮助。比如：请好老师帮孩子解决学习方法方面的困惑；帮助孩子和学习好的同学做朋友；帮助孩子提升对学习的认知，让孩子明白他和学霸之间不是智商的差别，而是在努力和坚持努力方面有些差距等等。

第四，父母把学校老师变成帮手。尊重老师，和老师建立良好关系，是父母的本分。

第十六章
Chapter 16

孩子偏差行为的因果逻辑及其改善

父母学习改变的速度，就是孩子纠偏成长的速度。
父母好好学习，孩子天天向上。

由于父母在孩子教育上的专业度过低，导致孩子一到了三年级后就大量地出问题，比如：拖拉、沟通障碍、厌学、网瘾。孩子身上的问题到底是怎么形成的？大孩子父母如何亡羊补牢？小孩子父母如何防患于未然？本章我和大家一起分析孩子问题的因果逻辑，并给出解决方案。学习改变命运，教育成就未来。

拖拉的成因、危害及改善

　　什么叫拖拉？以推迟的方式拒绝完成任务，或者是延缓完成任务的时间，这个就叫拖拉。大诗人陶渊明写："盛年不重来，一日难再晨。及时当勉励，岁月不待人。"拖拉浪费的时间不会回来，拖拉损害的意志力很难恢复。

1. 孩子拖拉的成因

　　第一，父母没有帮助培养孩子的规则意识。规则意识属于道德范畴，遵循规则才能不妨碍他人、不伤害他人，这叫道德。

　　第二，父母没有培养孩子的责任感。

　　第三，父母缺失理想教育。孩子有理想，做事才有动力、才会积极主动。

　　第四，父母没有训练孩子做事的程序和效率。孩子不知道应该做什么事，不懂得怎么做事，做得好做得不好没关系。做得快做得慢都无所谓。

造成孩子拖拉的成因还有很多，如父母在学习上"加码"、父母坐在孩子身边监督、父母有负面"榜样"影响、父母不会激励、父母双方教育标准不统一、孩子做事缺少训练、孩子学科知识不扎实等等，具体某个孩子拖拉的成因要根据这个孩子的原生态家庭情况做具体分析，找到系统原因，才可以给出系统改善方案。

2. 拖拉的危害

第一，拖拉导致专注力下降，学习盲点越来越多；

第二，学习盲点越来越多，导致学习成绩下降；

第三，成绩下降会受到老师批评、同学歧视，人际关系出问题；

第四，父母按"优先发展短项逻辑"，让孩子不停地补课，导致孩子学习信心和学习意愿不断下降；

第五，补课补不出来效果，父母就会指责、要求，导致沟通障碍；

第六，孩子焦虑，坏情绪，导致厌学、叛逆、网瘾、早恋、交坏朋友……

3. 改善拖拉的措施

第一，父母快速改变，让自己成为家庭教育专家；

第二，建家规，培养孩子规则意识；

第三，做家务，培养孩子责任感；

第四，培养孩子高级逻辑思维，树立远大理想；

第五，通过磨难教育，培养孩子意志力品质；

第六，做社会公益，培养孩子爱心和社会责任感；

第七，游历见世面，观世界才有世界观；

第八，训练孩子做事效率；

第九，融入优秀孩子团队中，榜样影响；

沟通障碍的成因、危害及改善

什么是沟通障碍？沟通主体某一方或双方因对所交流的信息不感兴趣、不愿意接受，从心理上产生对沟通的消极、厌烦甚至反抗的情绪，而导致沟通失效的状态叫沟通障碍。80%的中小学生家庭都有沟通障碍，但很多父母不自知，每天"言教"的过程中，一直都是在说自己想说的话，而不去思考说什么孩子会愿意听，怎么说孩子能接受。原本在父母和孩子这个沟通关系里，父母具有天然优势——因为你们是爹妈，本应该非常有利于实现有效沟通，而事实上却是适得其反。父母对自己沟通能力水平"误判"，对孩子的感受力"误判"，对教育的技术性"轻视"，都证明父母的认知能力实在低下。因为沟通障碍，孩子在家中跟父母关系不和谐，幸福感很低；因为专注力下降，在学校学科成绩下降，获得感缺失；孩子觉得生活没有什么意义。

1. 沟通障碍的表现

父母在和孩子沟通时，在专业上，出现下列情形就意味着沟通障碍。

第一，父母说得多，孩子反馈得少；

第二，孩子没有心悦诚服地接受父母的"教诲"；

第三，沟通过程中，孩子的情绪和正常状态有很大区别，比如：怒、喊、不耐烦、心不在焉等。

2. 沟通障碍产生的原因

造成沟通障碍的因素有很多，比如表达主体传达的信息、表达目的、表达姿态、表达艺术及反馈者的个人情绪管理、个人感受力、个人判断力、个人表达力。

第一，父母的沟通位置错误。从位置上讲，父母和孩子的沟通有三个相对位置，一是父母比孩子位置高，我称之为"上位沟通"；父母和孩子位置同样高，我称之为"平位沟通"；父母比孩子位置低，我称之为"下位沟通"。父母采用什么位置，取决于要沟通的信息或事件。除了道德类问题，父母一般都不能用上位沟通，居高临下，孩子很不舒服，容易惹起反感。如果父母和孩子交流的事情是有关于人生理想、知识文化、父母职业等，就应该以朋友角色，做平位沟通。如果三句话过去后，孩子明白了，说来说去是批评我学习不够努力，分数考得不够高，孩子的感受是"被要求""被指责"，沟通就会陷入障碍之中。

第二，父母传导的信息无效。所谓信息无效是指父母给孩子所讲的东西没有"营养"，就是对孩子没有帮助，孩子一定不爱听。比如父母天天说："你要好好学呀！"，周末去爷爷家，回来父母问："奶奶给你做什么好吃的了？"接孩子放学问"今天考试了吗？""今天累不累呀？"就这样的低级问题父母天天地问，孩子会非常不耐烦！自然不愿意跟你说。

第三，父母教育能力低，达不成共识。孩子的问题是镜子，是用来看清父母自身问题以求改变的。觉知能力强的父母应该立即学习、改变，否则，爱孩子就是一句空话，甚至是骗人的话。

3. 沟通障碍的危害

第一，沟通障碍限制孩子智力成长。父母给不到孩子营养，要求多、批评指责多，而启发、激励、指引少，沟通障碍一旦产生，孩子见到父母时，神经细胞处于抑郁状态，思想不活跃，智慧就不会开。

第二，沟通障碍会破坏孩子专注力。带着情绪去学习，自然不能全神贯注，效率低、准确度低、学习不扎实都无法避免。进而导致学科成绩下降甚至严重下降，学习成就感降低一定导致学习意愿下降。

第三，沟通障碍导致孩子厌学。教育的逻辑一定要符合人性，教育要"扬长挖潜""自动自发"，补课是在"短腿儿"方面下功夫，孩子因为学科成绩不够好，已经被老师"张榜"若干次了，他已经被暗示"你不行"很多次了，父母还要孩子在他已经丧失信心的方面拿到令人羡慕的结果，想想孩子内心会有怎样的感受？他怎么能感受到父母的爱？结果就是厌学。孩子一旦厌学了，信心没了，斗志没了，恢复起来就很困难！

4. 沟通障碍的改善

第一，父母悦纳孩子，修复沟通渠道；

第二，给孩子爱的感受；

第三，父母必须改变自己的教育观念，提升教育能力，学会沟通的艺术；

第四，激发孩子的"闪光点"，放大孩子"优势点"，帮助挖掘孩子的"潜力点"；

第五，创造和孩子的共同经历，比如一起游历、一起运动；

第六，多倾听，让孩子教父母，父母给予孩子能量满满的肯定。

厌学的成因、危害及改善

什么是厌学？孩子对学习产生厌恶的心理倾向以及消极对待学习的行为反应，叫作厌学。其实孩子是带着学习的天然机制——好奇心来到这个世界的，他们天生就爱学习。那为什么孩子又不爱学习了呢？

1. 孩子厌学的成因

第一，父母放纵、溺爱孩子；

第二，父母超前把孩子推进学科知识"深渊"，为的是"抢码"；

第三，父母没有培养孩子规则意识；

第四，父母没有培养孩子责任感；

第五，父母没培养孩子理想和意志力品质；

第六，父母唯分数论，在分数上高标准、高要求；

第七，自小养成网瘾；

第八，抑郁。

其实，许多孩子厌学的本质是"习得性无助"的心理问题。在心理学上，"习得性无助"指个体即使努力学习，依然重复多次的失败，最终形成了"无论怎样努力也不会成功"的绝望感，继而放弃努力。

2. 厌学的危害

第一，成绩严重下滑。三天两日就请假不上学，或者上学也是心不在焉，知识盲点越来越多，跟不上了。

第二，人际关系障碍。所有父母都会让自己的孩子远离那些厌学的孩子。

第三，厌学的孩子非常痛苦。他知道不上学或学不好是什么后果，一直焦虑、煎熬中，非常可能导致心理疾病。

第四，厌学非常容易与网瘾"并发"。孩子在学习上得不到尊严，想到虚拟世界求慰藉。这时的父母若是还不觉醒，继续要求孩子、指责孩子，厌学、网瘾就会和沟通障碍、叛逆、辍学"勾连"成"并发综合征"。

3. 厌学的改善

第一，父母快速学习、改变，悦纳孩子现状。孩子已经厌学的家庭，亲子关系一定早就出现了障碍。沟通不畅就没法做教育。父母爱孩子，必须快速转变，真心诚意地检讨自己教育过失，接纳孩子，恢复沟通渠道；

第二，父母通过专业、系统的学习，提升文化素养，用无为的策略，和孩子常交流，提振孩子自信心；

第三，给孩子换一个环境，重新开始；

第四，带孩子游历见世面，激发生命动力；

第五，测定孩子生命潜能，激发"亮点"，挖掘"潜能"，做一个让孩子看到希望的学业规划。

第六，在孩子学习意愿恢复到一定程度时，请家教在学科方面"查缺补漏"。

网瘾的成因、危害及改善

什么是网瘾？孩子长时间地习惯性地沉浸在手机、Ipad或电脑网络中，对网络产生强烈的依赖，沉迷于无意义内容不能自拔，致使不能正常地生活和学习。这叫作网瘾。

1. 网瘾的特征

第一，严重依赖。"废寝忘食"地上网，手离开电子产品就难受。

第二，时间过长，一般来说是指每天平均上网达到或超过3个小时。

第三，上网行为失控，像过去抽大烟上瘾一样无法自制。

第四，学业、职业和社会功能损伤。他作为学生不能好好学习了；作为职业人不能好好工作了；所有自己的社会角色所应该担当的责任都不能很好地履行了。

2. 孩子网瘾的成因

孩子产生网瘾的根本原因是家庭环境问题和家庭教育问题。

第一，父母在教育观念上，不注重育人的教育，没有认真地履行孩子教育的根本任务——培养道德、责任、理想、信念。

第二，父母在不懂教育的前提下，错误地给孩子买了电子产品或允许孩子使用电子产品。

第三，父母在沉迷电子产品方面给孩子做了负面"榜样"。

3. 网瘾的危害

第一，身体健康严重受损；

第二，玩物丧志，孩子没有学习动力；

第三，认知能力越来越差；

第四，自控能力越来越差；

第五，心理非常脆弱，经不了挫折；

第六，人际关系障碍；

总之，网瘾几乎毁掉孩子一生。

4. 网瘾的改善

第一，悦纳孩子，恢复沟通渠道；

第二，和孩子一起玩儿，缩短每次玩手机的时间；

第三，陪着孩子一起做运动，恢复孩子阳气；

第四，带孩子去游历，游中做教育；

第五，给孩子换环境，交给懂教育的人管理；

第六，父母给孩子做榜样，尽量放下电子产品；

第七，父母开始读书，并夫妻相互分享，熏陶孩子；

第八，父母专业、系统地学习改变，用正确的教育引领孩子，这是最长效、最根本的方法。

亲子沟通质量测试

项 目	选 项					得分
1. 家人总是把自己的情感藏在心里不和其他人说。	1	2	3	4	5	
2. 家中经常吵架。	1	2	3	4	5	
3. 在家里我们感到很无聊。	1	2	3	4	5	
4. 在家里我们不能想说什么就说什么。	1	2	3	4	5	
5. 家人之间经常公开发怒。	1	2	3	4	5	
6. 在家里诉苦很容易使家人厌烦。	1	2	3	4	5	
7. 有时家人发怒时摔东西。	1	2	3	4	5	
8. 在我们家,很少有和谐一致的气氛。	1	2	3	4	5	
9. 家人很少一起出去看电影、吃饭、郊游等。	1	2	3	4	5	
10. 家里有事时,很少有人自愿去做。	1	2	3	4	5	
11. 家人之间常常互相责备和批评。	1	2	3	4	5	
12. 家庭成员做事时很少考虑家里其他人的意见。	1	2	3	4	5	
13. 如果在家里说出对家事的不满,会有人觉得不舒服。	1	2	3	4	5	
14. 家庭成员有时互相打架。	1	2	3	4	5	
15. 家庭成员夜间可以随意外出,不必事先与家人商量。	1	2	3	4	5	
16. 家庭成员的意见产生分歧时,我们一直回避它。	1	2	3	4	5	
17. 家庭成员之间经常合不来。	1	2	3	4	5	
18. 家人之间讲话时经常伤害对方的感情。	1	2	3	4	5	
19. 家庭中很少能够得到充分的关心。	1	2	3	4	5	
20. 家人有矛盾时,有时会大声争吵过去的事情。	1	2	3	4	5	
总 分:						

评分标准：下面描述的是你和孩子交流沟通的一些情况，请你根据实际情况选择题后面的数字。1=很不符合、2=不符合、3=尚符合、4=符合、5=非常符合。

结果解释：

1. 根据每项得分，计算总分：分数越高，亲子沟通质量越低，家庭问题越严重。

2. 如总分在0～49分，说明亲子之间的沟通较为顺畅，值得表扬，再接再厉。

3. 若总分在50～80分，说明亲子之间的沟通已经出现问题，需要进行调整，孩子成长已经受到影响，父母需要快速学习改变。

4. 若总分在80～100分，说明亲子沟通问题相当严重，一定影响孩子成长，父母必须寻求帮助，做出改变。